UNIVERSITÉ DE GRENOBLE. — FACULTÉ DE DROIT

DES

ACTES DE DISPOSITION

DE L'HÉRITIER APPARENT

THÈSE POUR LE DOCTORAT

Présentée et soutenue le 18 mai 1899

PAR

Marcel DELACAVE

AVOCAT

PARIS

LIBRAIRIE NOUVELLE DE DROIT ET DE JURISPRUDENCE

ARTHUR ROUSSEAU, ÉDITEUR

14, RUE SOUFFLOT ET RUE TOULLIER, 13

—

1899

THÈSE

POUR LE DOCTORAT

UNIVERSITÉ DE GRENOBLE — FACULTÉ DE DROIT

JURY DE LA THÈSE

UNIVERSITÉ DE GRENOBLE. — FACULTÉ DE DROIT

DES

ACTES DE DISPOSITION

DE L'HÉRITIER APPARENT

THÈSE POUR LE DOCTORAT

L'ACTE PUBLIC SUR LES MATIÈRES CI-APRÈS

Sera soutenu le 18 mai 1899

PAR

Marcel DELACAVE

AVOCAT

PARIS

LIBRAIRIE NOUVELLE DE DROIT ET DE JURISPRUDENCE

ARTHUR ROUSSEAU, ÉDITEUR

14, RUE SOUFFLOT ET RUE TOULLIER, 13

—

1899

BIBLIOGRAPHIE

Arntz. — Droit civil français.

Aubry et Rau. — Droit civil français, 4ᵉ éd., 1873.

Baudry-Lacantinerie et Wahl. — Traité théorique et pratique de droit civil. — Des successions.

Besson. — Les livres fonciers et la réforme hypothécaire.

Blondeau. — Séparation des patrimoines.

Bouhier. — Observations sur la coutume de Bretagne.

Carette. — Note au Sirey, 1836.2.293.

Chabot. — Commentaire sur les successions.

Championnière. — Revue critique de la jurisp. en mat. civ., *Revue de législation et de jurisprudence*, Wolowski, 1843, p. 238.

Cochin. — Mémoires et Plaidoiries.

Coulon. — Questions de droit.

Demante. — Cours analytique de Code civil. Ed. de 1849.

Demolombe. — Traité de l'absence. Ed. de 1881.

Duparc-Poullain. — Journal du Parlement de Bretagne.

Duranton. — Cours de droit français.

Duvergier. — Le droit civil français.

Furgole. — Traité des testaments. Ed. de 1745.

de Folleville. — Essai sur la vente de la chose d'autrui, *Revue pratique*, t. 32, p. 501.

Grenier. — Traité des hypothèques.

Girard. — Manuel élémentaire de droit romain.

Huc. — Commentaire du Code civil.

Hureaux. — Droit de succession.

Jozon. — Des aliénations consenties par l'héritier apparent, *Revue pratique*, t. 14, p. 378.

Laferrière. — Examen de la doctrine du droit romain et de la Cour de cassation, sur la question des ventes faites par l'héritier apparent, *Revue de droit français et étranger*, Fœlix, 1844, I, p. 208.

Louët. — Recueil d'arrêts notables.

Larombière. — Des obligations.

Laurent. — Principes du droit civil. Ed. de 1876.

Lebrun. — Traité des successions.

Malpel. — Traité des successions *ab intestat*.

Marcadé. — Explication du Code civil.

Merlin. — Questions de droit. — Répertoire de jurisprudence.

Mourlon. — Répétitions écrites sur le Code Napoléon. Ed. de 1869.

Pascaud. — *Revue critique*, 1881, p. 103.

Pothier. — Traité des successions.

Proudhon. — Traité de l'usufruit.

Simonnet. — Saisine héréditaire.

Seresia. — Pétition d'hérédité.

Théry (V.). — Cours de droit civil français.

Troplong. — De la vente. — Des privilèges et hypothèques.

Toullier. — Note au Sirey, 1815.2.276.

Vazeille. — Des successions. Sur l'article 756.

Vigié. — Cours élémentaire de droit civil français.

Valabrègue. — *Revue critique*, 1890, t. 19, p. 43.

Zachariæ. — Le droit civil français. Ed. Massé et Vergé.

DES ACTES DE DISPOSITION

DE L'HÉRITIER APPARENT

INTRODUCTION

La question que nous avons choisie, offre un grand
intérêt au point de vue économique et social, et de plus,
elle se présente comme une des plus controversées (1).
La jurisprudence, qui, après quelques hésitations, a
depuis longtemps adopté le système de la validité des
actes d'aliénation de l'héritier apparent, mérite une
étude toute spéciale, et il est fort intéressant de suivre
l'évolution qui s'est produite dans ses décisions depuis
le début de notre siècle.

Dans une première partie, nous indiquerons les intérêts que soulève cette question, puis après avoir recherché ce qu'il faut entendre par héritier apparent,

---

(1) Sérésia, *Pétition d'hérédité*, p. 57. « La confusion en doctrine et
en jurisprudence est telle, que l'on se sent porté à désespérer et de la
science impuissante au milieu de ce chaos juridique, et de la justice qui
semble se trouver réduite à prononcer au gré de l'arbitraire le plus
absolu. »

nous nous demanderons dans quels cas se présente notre hypothèse. Nous verrons quels sont les principes posés dans notre Code, principes qui doivent régler notre matière, puisque nulle part il n'y a d'exception, et nous examinerons le système de la nullité. Nous étudierons ensuite l'évolution de la jurisprudence, nous montrerons comment elle semble s'être orientée dans l'ancien droit, puis comment, gênée par les dispositions du Code civil, elle s'est efforcée de les tourner, sous l'empire de considérations pratiques très puissantes, et a adopté un système qui s'appuie beaucoup plus sur l'intérêt général et l'ordre public, que sur les textes qui, cependant, devaient lui servir de guide.

Dans une deuxième partie, nous réfuterons le système de la jurisprudence et discuterons les arguments qu'elle a donnés. Un fait des plus curieux que nous essaierons d'expliquer, est l'antithèse qui existe entre la jurisprudence française et la jurisprudence belge, toutes deux chargées d'appliquer la même loi et se prononçant cependant chacune dans un sens différent, la première admettant la validité (1), et la seconde restant fidèle au système de la nullité (2).

Enfin, dans une troisième partie, après avoir présenté diverses théories très originales qui essaient de

---

(1) Depuis Cass., 3 août 1815, confirmant Caen, 21 février 1814, S. 1815.1.286.

(2) Depuis Mons, 21 janvier 1825, Pand. belges, *Encyclopédie,* Vᵒ *Héritier apparent.*

donner au système de la validité des bases juridiques,
nous conclurons en rappelant que le seul système
soutenable en droit, s'appuyant sur les principes du
Code, et les appliquant à notre hypothèse en l'absence de toute exception, est le système de la nullité.
En terminant, nous nous demanderons si une réforme
ne s'impose pas, et s'il ne serait pas nécessaire d'établir une exception pour le cas spécial que nous traitons ;
ou si le régime de la publicité réelle, qui n'est encore
qu'à l'état de projet, ne pourrait pas apporter un remède, et éviter une cause de conflits trop fréquents
produite par l'imperfection de nos lois (1).

(1) Nous n'avons pas fait dans ce travail d'étude historique spéciale ;
l'historique de cette question est en effet beaucoup trop vaste, et méri-
terait une étude particulière et exclusive, pour être complet.

PREMIÈRE PARTIE

CHAPITRE PREMIER

§ 1. — Intérêts de la question.

Un héritier apparent, c'est-à-dire une personne qui n'a aucun droit à une succession, entre en possession des biens héréditaires, elle les administre comme s'ils lui appartenaient, paie les créanciers, poursuit les débiteurs, fait tous les actes qui compètent à un administrateur ; elle peut même consentir des actes de disposition, vendre, hypothéquer, donner les biens héréditaires comme un véritable propriétaire. Lorsque l'héritier réel se présentera, il demandera la restitution de l'hérédité ; tous ses efforts tendront à la faire rétablir dans l'état où elle se trouvait lors de l'ouverture de la succession, et il poursuivra les biens entre les mains des tiers acquéreurs. Au point de vue des actes de disposition, deux intérêts bien différents sont donc en présence : d'une part, celui du véritable propriétaire, d'autre part, celui des tiers.

L'héritier réel invoquera le droit le plus absolu, le droit de propriété et son inviolabilité. Le respect du droit de propriété est le fondement de toute législation ; « c'est le plus étendu et le plus ancien de tous les droits réels (1) ». Il fera appel aux principes du Code, prouvera que du moment que la prescription n'est pas acquise contre lui, il est seul propriétaire des biens de la succession, que lui seul peut en disposer comme il l'entend, et que nul ne peut empiéter sur son droit et aliéner à ses dépens une part quelconque de l'hérédité, parce que ce sont là des aliénations faites *a non domino*. Il représente en effet la propriété dans ce qu'elle a de complet et d'exclusif, propriété, fondement de notre législation.

Les tiers représentent la société et l'intérêt général : ils invoqueront certainement leur bonne foi et l'erreur invincible dans laquelle ils sont tombés. L'héritier apparent passait pour le véritable héritier aux yeux de tous ; rien dans l'examen des titres n'a pu leur faire supposer qu'ils ne traitaient pas avec le véritable héritier, et, par suite, les tiers ont cru qu'ils acquéraient des titres irrévocables. De plus, la société est intéressée à ce que les biens circulent facilement et librement ; à ce qu'ils puissent, aisément et suivant les nécessités de la vie juridique, passer d'un patrimoine dans l'autre. Or, du jour où les tiers sentiront qu'ils n'ont plus aucune

(1) Girard, *Manuel élémentaire de droit Romain*, p. 245.

sécurité, du jour où ils ne traiteront plus « à coup
sûr », les rapports juridiques tendront de plus en plus
à diminuer, les relations commerciales deviendront
moins fréquentes. Les tiers seront-ils en effet si peu
soucieux de leurs intérêts, qu'ils consentent à acquérir
un bien dont ils ne seront pas sûrs de conserver la propriété ?

En présence de ces deux intérêts bien distincts, nous
nous demanderons si, devant une loi claire et certaine,
il ne faut pas faire fléchir l'intérêt des tiers devant
un intérêt particulier formellement reconnu par la loi.
Ou bien, au contraire, la libre circulation des biens, qui
est d'intérêt social, doit-elle l'emporter sur le respect
que l'on doit à la loi ? Qu'on valide les actes d'aliénation
volontaire consentis par l'héritier apparent, comme le
fait la jurisprudence, et on sacrifie le droit « sacré » de
propriété ; qu'on annule au contraire les actes de disposition, et les tiers se trouveront quelquefois lésés.

Cette dernière solution adoptée par la majorité des
auteurs, est la seule juridiquement exacte, car elle s'appuie strictement sur la loi qui, avant tout, doit être respectée et suivie pas à pas : « Une loi même vicieuse vaut
mieux que les incertitudes de l'arbitraire, de même
qu'un danger connu est moins redoutable qu'une me-
nace incessante; si haïssable que puisse devenir la justice
quand elle est rigoureuse et dure, elle vaut mieux que
le règne du bon plaisir (1). »

(1) Beudant, *Le droit individuel et l'État*, p. 11.

Ayant vu les intérêts que met en jeu cette intéressante question, nous allons à présent la discuter en nous plaçant particulièrement au point de vue de la jurisprudence.

§ 2. — Définition.

Nous devons nous demander en premier lieu ce qu'il faut entendre par héritier apparent dans notre législation actuelle. Le silence du Code, le défaut d'entente entre les auteurs, la diversité des arrêts rendent la réponse peu commode, et nous trouvons difficilement dans toutes ces contradictions les éléments d'une définition. Si l'on prend les mots dans leur sens naturel, il semble que l'héritier apparent est toute personne qui détient de bonne ou mauvaise foi une succession à laquelle elle n'a aucun droit, et qui passe pour véritable héritier aux yeux de tous.

La jurisprudence exige une possession corroborée par un titre : « Quel est celui qui, dans le droit et la jurisprudence, est réputé héritier apparent ? Certes, ce n'est pas le premier qui s'empare de ce titre pour vendre immédiatement la succession à un autre qui se charge de l'exploiter ; l'héritier apparent est celui qui, en *qualité de* successible, est en possession publique, paisible et notoire de l'hérédité, en conséquence l'administre aux yeux de tous, et fait tous les actes qui appartiennent au véritable héritier (1). » Par là même, la jurispru-

(1) Rouen, 16 juillet 1834, S. 1834.2.443. Voyez Larombière, *Traité*

dence ne considère pas comme héritier apparent celui
qui s'empare d'une succession sans aucune qualité, sans
aucun titre ; elle écarte donc celui « qui possède parce
qu'il possède », le *prædo*. Cette distinction était inconnue du droit romain et de l'ancien droit, et Pothier
considérait l'usurpateur, le *prædo*, comme un héritier
apparent.

Telle est donc, d'après la jurisprudence, la signification du mot héritier apparent : c'est tout possesseur de
l'hérédité, en vertu d'un titre apparent, que les tiers
ont pu prendre légitimement pour le véritable propriétaire.

La jurisprudence exige que la possession soit basée
sur un titre, et nous avons dit qu'elle ne considère pas
comme héritier apparent le simple usurpateur. Dans
ce cas, elle regarde le possesseur de l'hérédité comme
un possesseur de mauvaise foi, auquel elle applique
toutes les conséquences d'une telle qualité. En effet,
dans cette question, la jurisprudence envisage principalement l'intérêt des tiers ; ce sont eux surtout qu'elle
veut protéger, et son système se concilie avec la défini-

des obligations, I, sur l'article 1165, n° 25 : « Nous entendons par héritier apparent celui qui, sur la foi ou sous le prétexte d'une vocation testamentaire ou légale, qui n'a aucune réalité et n'a qu'une existence
apparente, se met en possession d'une hérédité de bonne ou mauvaise
foi, et par ses actes, impose au public la croyance qu'il est réellement
héritier. » Cependant certains arrêts vont encore plus loin que l'arrêt
de Rouen. V. Paris, 16 mars 1866, S. 66.2.337. Ces conditions étaient
toutes remplies, et cependant la Cour a refusé la qualité d'héritier apparent au possesseur, parce qu'il détenait la succession, en vertu d'un
titre dont le vice était facile à découvrir.

tion qu'elle donne. Quand les tiers consentent à traiter avec un possesseur qui n'a aucun titre, elle pense qu'il y a de leur part une négligence trop grande, une sorte de faute, qu'ils ne sont plus dignes d'intérêt ni de protection et c'est pourquoi elle considère qu'ils ont traité avec un possesseur de mauvaise foi et non avec un héritier apparent, car un peu de prévoyance leur aurait démontré la qualité de celui avec qui ils contractaient (1).

Nous connaissons maintenant les conditions exigées par la jurisprudence pour qu'il y ait héritier apparent, et nous allons voir dans quelles hypothèses cette situation peut se présenter.

§ 3. — Principales hypothèses d'héritier apparent.

Plaçons-nous donc au point de vue de la jurisprudence et demandons-nous quels sont pour elle les principaux cas d'héritier apparent ? quelles sont les plus saillantes hypothèses ?

1° *Appréhension de l'hérédité par un héritier d'un degré plus éloigné.*

L'hérédité peut avoir été appréhendée par un héritier d'un degré plus éloigné que celui qui était légalement

---

(1) La distinction posée par la jurisprudence n'a pas d'intérêt si l'on admet d'une façon complète le système de la nullité. Du moment qu'une personne possède l'hérédité, que ce soit en vertu d'un titre ou sans aucun titre, on considère dans ce système qu'elle a la qualité d'héritier apparent *ergà omnes*, et, dans tous les cas, on annule l'aliénation qu'elle a consentie.

appelé. Soit par suite de l'ignorance, soit par suite de l'indifférence ou de l'inaction du parent le plus proche ; un héritier qui n'est pas appelé en premier ordre prend possession de l'hérédité.

Les rapports entre les différents membres d'une même famille se détendent aujourd'hui de plus en plus ; la famille ne forme plus comme autrefois un petit groupe habitant la même région, et dont les membres se connaissaient parfaitement et avaient entre eux des rapports presque journaliers ; les nécessités de la vie moderne ont modifié cet état de choses, et comme on l'a dit, les membres d'une même famille sont souvent disséminés aux quatre coins du globe. Combien de personnes connaissent exactement leur parenté avec tous leurs collatéraux jusqu'au douzième degré ? C'est pourquoi, en cas de décès, des parents d'un degré un peu éloigné, ont pu se croire réellement propriétaires, et s'emparer de la succession qu'ils pensaient légitimement leur appartenir, erreur qui sera découverte lorsque le véritable héritier fera valoir ses droits.

2° *Découverte d'un testament révoquant celui qui a servi de base à la possession.*

Une autre hypothèse ayant pour base, non plus la vocation légale, mais la vocation testamentaire, peut se présenter. Un légataire universel prend possession des biens héréditaires ; il croit le testament parfaitement valable, et rien dans l'examen de son titre ne peut lui faire supposer qu'il n'est pas propriétaire de la suc-

cession. Après sa prise de possession, on découvre un
nouveau testament qui le dépouille complètement au
profit d'un tiers. Il est certain que ce légataire sera
considéré comme n'ayant jamais été légataire, car les
dispositions contenues dans le premier testament ont
été tacitement révoquées par la confection du second,
et si le légataire s'est mis en possession des biens héréditaires, il faut conclure que du jour de la découverte
du deuxième testament, son droit a été rétroactivement
résolu et qu'il n'était que légataire apparent.

3° *Falsification de testament.*

La cupidité, le besoin d'argent, peuvent pousser certaines personnes à employer des moyens illicites pour
s'emparer d'une hérédité ; elles composent un faux testament olographe qui les appelle à la succession ; elles
entrent en possession en vertu de ce titre que l'on croit
valable, et plus tard, cet écrit est reconnu complètement
faux. La succession a donc été possédée, pendant un
temps plus ou moins long, par des personnes qui n'y
avaient aucun droit, par de soi-disant légataires qui
n'étaient que des légataires apparents (1).

4° *Révocation de l'acceptation de la succession.*

Notre hypothèse se présente également en cas d'application de l'article 783 du Code civil, le principe
semel heres, semper heres, reçoit une exception par l'effet

_____

(1) Voy. Cass., 26 janvier 1897 (S. 97.1.313). *Contrà*, Paris, 16 mars
1866 (S. 66.2.337).

de cet article qui permet, dans certains cas déterminés, de demander la révocation ou la rescision de l'acceptation d'une succession. Sans faire une étude spéciale de cet article, voyons simplement quels sont les effets de la rescision prononcée par la justice : lorsque l'acceptation est rescindée, elle est censée non avenue, la situation est la même qu'au jour de l'ouverture de la succession, l'héritier est considéré comme n'ayant jamais pris parti ; par conséquent, pendant sa propriété intérimaire, on devra le considérer comme héritier apparent.

De même, un héritier a renoncé à la succession ; mais pour une cause quelconque cette renonciation est annulée. L'annulation produisant ici un effet rétroactif, il est considéré comme ayant toujours été héritier, et ceux qui avaient accepté la succession après cette renonciation sont regardés comme héritiers apparents (1).

5° *Cas résultant de l'application de la théorie de l'indignité* (2).

Un héritier a joui pendant un certain temps d'une succession, puis il est déclaré indigne. Quelle aura été la situation de cet héritier pendant sa possession ; devra-t-on le considérer comme un véritable héritier, ou au contraire ne sera-t-il qu'un héritier apparent ?

D'après la majorité des auteurs, l'indignité doit être déclarée judiciairement et tant que cette décision n'est

(1) Baudry-Lacantinerie et Wahl, *Des successions*, I, n° 1254.
(2) Baudry-Lacantinerie, n° 362 ; Aubry et Rau, *Droit civil français*, VI, § 594.

pas intervenue, la personne qui a encouru l'indignité conserve tous ses droits. Mais lorsque le tribunal aura prononcé l'indignité, quel sera l'effet de ce jugement? On fait généralement une distinction. Dans les rapports de l'indigne avec ceux qui sont appelés à recueillir la succession ou la part de succession qui lui est enlevée, on considère que le jugement produit un effet rétroactif; mais, dans ses rapports avec les tiers, on admet qu'il n'y a pas rétroactivité. En effet, l'article 729 du Code civil dit que « l'héritier, exclu de la succession pour cause d'indignité, est tenu de rendre tous les fruits et les revenus dont il a eu la jouissance depuis l'ouverture de la succession », d'où, par *a contrario*, vis-à-vis des tiers, il est considéré comme ayant été véritable héritier, puisque cet article ne vise que les rapports de l'indigne avec ses cohéritiers ou les héritiers subséquents ; en outre l'article 958 du Code civil fournit un argument d'analogie : aux termes de cet article, la révocation d'une donation pour cause d'ingratitude ne peut pas porter préjudice aux tiers, et ne produit pas à leur égard d'effet rétroactif, or, on peut appliquer cette disposition par analogie à l'indignité. Par conséquent, on admet que l'indigne ne peut pas être considéré comme héritier apparent.

Telle n'est pas l'opinion de la jurisprudence qui, au contraire, considère cette hypothèse comme un cas d'héritier apparent.

Elle pense que l'indignité opère de plein droit, qu'elle

consiste dans la résolution de la vocation héréditaire, et produit un effet rétroactif *erga omnes*. L'indigne est considéré comme n'ayant jamais été propriétaire, comme n'ayant été qu'un héritier apparent. L'article 729 est une simple application du droit commun ; on ne peut pas invoquer l'article 958 qui ne pose pas les mêmes règles et vise une hypothèse toute différente. De plus, « pour que le successible fût considéré comme héritier à l'égard des tiers, et à l'égard des autres parents comme n'ayant jamais été héritier, il faudrait un texte, or il n'y en a pas (1) ».

On conclut donc en considérant que, pendant sa possession, l'indigne est dans la même situation qu'un héritier apparent.

On peut encore, avec la jurisprudence, citer comme ayant la qualité d'héritier apparent :

Les successeurs irréguliers envoyés en possession, lorsqu'il se présente plus tard un héritier préférable en rang ;

Le conjoint survivant dans un cas spécial : lorsqu'il est envoyé en possession de l'usufruit que lui accorde l'article 767 (modifié par la loi du 1er mars 1891) et que plus tard cet usufruit est transformé en rente viagère, conformément à l'article 767 *in fine*, on le considère comme héritier apparent, relativement à cet usufruit, si du moins

---

(1) Laurent, *Principes de droit civil*, IX, nº 22.

on admet que la rente viagère produise un effet rétroactif (1).

L'héritier légitime vis-à-vis de l'enfant naturel héritier pour partie ;

L'héritier légitime vis-à-vis du légataire universel jusqu'à l'envoi en possession ;

En cas d'annulation du partage, les cohéritiers pour les lots qui leur ont été attribués par le partage annulé ;

Enfin, l'hypothèse prévue par l'article 136 (2) aux

(1) Pour ce cas et les trois suivants, voyez Baudry-Lacantinerie et Wahl, *Des successions*, I, nᵒˢ 1249 et suiv.

(2) Nous ne pensons pas que l'article 136 du Code civil vise un cas d'héritier apparent, mais une hypothèque d'héritier provisoire pour trois raisons principales :

1ᵒ L'héritier, qui possède en vertu de la loi, ne peut se faire aucune illusion sur la fragilité de son droit. Il sait qu'il possède provisoirement puisque l'article 137 du Code civil permet à l'absent de demander la restitution de tous les biens de la succession. Il connaît dès l'origine la résolubilité de son droit, il sait que c'est un droit instable, et combien est fragile le titre provisoire que lui accorde la loi ;

2ᵒ Les tiers n'ignorent pas à quel titre possède l'héritier ; ils savent qu'il n'est que provisoirement en possession, qu'il a un droit qui sera résolu par le retour de l'absent, et, lorsqu'ils contractent, ils le font en connaissance de cause. En effet l'article 136 est corroboré par l'article 137 du Code civil qui leur apprend que l'absent conservera pendant le laps de temps établi pour la prescription, son action de pétition d'hérédité et, par suite, lorsqu'ils acquièrent de l'héritier de l'article 136 du Code civil, ils savent très bien que celui-ci ne peut leur céder qu'un droit subordonné à la condition que l'absent ne se présentera pas, avant que la prescription n'ait été acquise.

3ᵒ Enfin, l'héritier se met en possession en vertu de la loi, c'est elle qui déclare que la succession « sera dévolue exclusivement à ceux avec lesquels l'absent aurait eu le droit de concourir, ou à ceux qui l'auraient recueillie à son défaut ». — Au premier abord, il semble qu'un héritier apparent et un héritier provisoire aient la même situation juridique. Cependant, lorsque la loi accorde un titre à une personne, elle ne

termes duquel : « S'il s'ouvre une succession à laquelle soit appelé un individu dont l'existence n'est pas reconnue, elle sera dévolue exclusivement à ceux avec lesquels il aurait eu le droit de concourir, ou à ceux qui l'auraient recueillie à son défaut ».

Tels sont d'après la jurisprudence les cas les plus saillants d'héritier apparent.

Citons, pour terminer, à titre de curiosité, une hypothèse qui aujourd'hui a disparu, mais qui existait dans notre ancien droit. Lorsqu'un héritier avait accepté une succession sous bénéfice d'inventaire, il pouvait, du

---

peut pas concéder un titre en vertu duquel cette personne n'aura aucun droit ; or, si l'on admet que l'article 136 du Code civil fait de l'héritier appelé à défaut de l'absent, un héritier apparent, on doit nécessairement, par l'application même des principes, considérer que la loi n'a accordé aucun droit à cet héritier, puisqu'elle lui a donné un titre *apparent*, c'est-à-dire un titre qui présente toutes les qualités de la réalité et qui, cependant, n'a aucune existence ; qui ne peut donner naissance à aucun droit ; la loi certainement n'a pu agir ainsi. Si, au contraire, on admet avec nous que la loi accorde un titre provisoire, c'est-à-dire qui est soumis à une certaine condition, et qui n'a pas été créé mort-né, pour ainsi dire, rien de plus logique. Elle a considéré que les biens d'un absent ne devaient pas, dans l'intérêt même de l'absent, dans l'intérêt des tiers, rester trop longtemps sans maître, et c'est pourquoi elle a mis à la tête de la succession, un héritier administrateur, ayant des pouvoirs restreints de disposition, pouvoirs lui permettant seulement d'aliéner sous la condition que l'absent ne se présentera pas ; c'est-à-dire qu'il aura le droit de disposer sous condition résolutoire. — En un mot, l'héritier apparent *semble*, vis-à-vis des tiers, être en possession des biens *définitivement* ; l'héritier provisoire n'y est que pour un temps plus ou moins long. Un titre apparent est un titre qui n'a aucune existence tout en paraissant avoir une certaine réalité ; au contraire, un titre provisoire existe réellement, mais sa viabilité est soumise à certaines conditions.

moins en ligne collatérale (1), être évincé par un héritier d'un degré égal ou subséquent qui acceptait purement et simplement. La situation de l'héritier bénéficiaire était singulière. Il ne pouvait pas être considéré comme ayant été de bonne foi complètement, puisqu'il savait qu'il pouvait être évincé par un héritier acceptant purement et simplement ; et il ne pouvait pas non plus être considéré comme étant de mauvaise foi, car il avait pris possession de l'hérédité en vertu d'un titre que lui conférait la loi. Aussi, on le considérait comme un administrateur à pouvoirs très larges, et l'héritier pur et simple était tenu de respecter tous les actes d'administration. Il n'en était pas de même des actes de disposition ne rentrant pas dans les pouvoirs d'un administrateur. Ceux-ci ne s'imposaient nullement à l'héritier pur et simple. C'est ce que Lebrun nous dit formellement : « J'estime que l'héritier pur et simple, qui exclut le bénéficiaire, peut évincer celui qui a acquis de lui. Premièrement, parce que ce serait rendre illusoire ce droit d'exclusion, que de ne pas donner la faculté d'évincer les acheteurs. Et, ou il faut abolir ce droit de préférer l'héritier simple, quoique plus éloigné, à l'héritier bénéficiaire, ou il faut remettre les choses en l'état qu'elles

_____

(1) Cf. Pothier, *Traité des successions*, ch. 3, sect. 3, art. 3, § 3. Cout. du Nivernais : « L'héritier pur et simple peut exclure, quand il est lignager, autrement non. » Voyez cependant un arrêt du parlement de Paris, du 11 septembre 1587, qui déclare qu'en ligne directe, le puîné héritier simple exclut son aîné qui ne se porte héritier que sous bénéfice d'inventaire ; Louët, *Recueil d'arrêts notables*, I, p. 792.

étaient, si ce n'est à l'égard de ce qui concerne la simple administration (1). »

Nous voyons que dans cette hypothèse, fort voisine
de celle de l'héritier apparent, Lebrun se prononce
pour la nullité des actes de disposition, remarque que
nous faisons en passant, car elle pourra présenter plus
tard un certain intérêt lorsque nous étudierons l'ancienne jurisprudence.

§ 4. — Cas où se présente la question de savoir quel doit être le sort des actes d'aliénation.

Demandons-nous à présent dans quels cas se présente
la question de la validité ou de la nullité des actes de
disposition consentis par l'héritier apparent. Pour simplifier la question, et suivant une habitude qui est presque devenue une règle, nous envisagerons le contrat
qui se présente le plus fréquemment, qui est, pour
ainsi dire, le type des actes de disposition, la vente ; et
la solution que nous donnerons s'appliquera aux autres
actes de disposition.

§ 5. — Aliénation d'un meuble corporel.

L'héritier apparent a vendu un meuble corporel, dans
ce cas il n'y a pas de discussion, la question ne présente
aucune difficulté. En effet, l'article 2279 du Code civil

(1) Lebrun, *Traité des successions*, liv. 3, ch. 4, n° 57, et Pothier,
Traité des successions, liv. 3, sect. 3, § 5.

établit « qu'en fait de meubles la possession vaut titre, c'est-à-dire que celui qui possède un meuble en est tellement réputé propriétaire qu'à l'exception de deux cas, ceux de perte et de vol, personne ne peut agir contre lui (1) ». Quand un tiers de bonne foi acquiert un meuble corporel et en prend possession, il devient propriétaire *ergà omnes*, il ne peut pas être inquiété ; l'intérêt du commerce l'exige ainsi, car il est souvent très difficile, pour ne pas dire impossible, d'établir l'origine de propriété du meuble vendu. Et si l'acquéreur est poursuivi par l'action en revendication, il la paralysera en opposant l'article 2279, en fait de meubles possession vaut titre, pourvu que la possession ait été acquise dans les conditions déterminées par l'article 2229 du Code civil, qu'il ait été de bonne foi au moment de la vente, et qu'il soit en possession réelle. Donc, chaque fois que l'article 2279 du Code civil est en jeu, la question ne se pose pas, la vente est valable, l'acquéreur de bonne foi est devenu propriétaire.

§ 6. — Aliénation d'un meuble incorporel.

Dans ce cas, la question est discutée. L'héritier apparent a aliéné un droit réel, transporté une créance

---

(1) Malpel, *Traité des successions ab intestat*, n° 211. Remarquons que dans notre hypothèse, il n'y a pas perte, puisque l'héritier réel n'a jamais possédé les biens de la succession ; ni vol au sens même du mot, art. 379, C. pén.

dépendant de la succession ; ces aliénations seront-
elles valables ?

Il est admis par la majorité des auteurs et la Cour de
cassation (1) que l'article 2279 est inapplicable à cette
hypothèse, car il ne vise que les choses purement mo-
bilières, que les meubles corporels proprement dits, et
l'on retombe alors dans l'application du droit commun.
Dans un seul cas, cependant, on admet que l'aliénation
d'un meuble incorporel sera valable, c'est lorsqu'elle
aura pour objet un titre au porteur, qui, par sa nature
même, peut être assimilé à un meuble corporel, car le
droit de créance est lié étroitement au titre qui le cons-
tate. Mais, en dehors de cette hypothèse spéciale, quand
il s'agira d'un meuble incorporel notre question se posera (2).

§ 7. — Aliénation d'un immeuble.

Elle se posera également toutes les fois qu'il s'agira
d'un immeuble dépendant de la succession. C'est à propos de cette espèce d'aliénation que le système de la

---

(1) Voyez : Cass., 4 mai 1836 (S.36.1.353); Cass., 11 mai 1839
(S. 39.1.169) ; Cass., 14 août 1840 (S. 50.1.753) qui annulent la cession de créance. — La jurisprudence poussée par des considérations
pratiques soutient le système de la validité des aliénations immobilières,
car elle veut éviter une cause de conflits qui se produiraient fréquemment si elle admettait le système contraire. Mais, dans cette hypothèse,
les mêmes inconvénients ne se présentent pas, car l'aliénation d'un meuble incorporel est peu fréquente, et par suite, les troubles qui résultent
de l'annulation d'un tel contrat sont assez rares.

(2) Quelques auteurs admettent la validité d'une telle aliénation : de
Folleville, *Revue pratique*, t. 32, p. 528, n° 34 ; Demolombe, *Traité de
l'absence*, n° 252.

jurisprudence s'est établi. En résumé, la question de
la nullité ou de la validité se posera chaque fois que
l'article 2279 du Code civil ne sera pas en jeu, et nous
allons étudier spécialement l'hypothèse de l'aliénation
d'un immeuble.

§ 8. — Principes du Code civil et système de la nullité.

Voyons donc quels sont les principes posés dans le
Code civil et que le législateur nous a donnés comme
règle de conduite.

Faisons tout d'abord une observation générale. En
présence d'une question juridique dont nous cherchons
la solution, deux hypothèses peuvent se présenter : ou
bien, cette question rentre dans l'application d'un
principe général écrit dans la loi, et alors, il suffira
d'en appliquer les conséquences au cas présent ; ou
bien, cette question est une dérogation aux principes,
et nous la trouvons formellement prévue par la loi,
nous avons un texte spécial visant ce cas particulier.
Mais il faut bien remarquer que les exceptions sont de
droit étroit, qu'elles sont posées pour des hypothèses
particulières, et qu'elles ne peuvent être étendues d'un
cas prévu à un autre cas à peu près semblable : *exceptiones strictissimi juris sunt.*

Après cette observation, recherchons dans notre
Code les principes généraux qui nous guideront dans
la solution de notre question.

Ils peuvent se résumer en un certain nombre d'axiomes bien connus que nous trouvons à chaque pas dans l'étude du droit.

« Nemo plus juris ad alium transferre potest quam ipse habet » ;

« Resoluto jure dantis, resolvitur jus accipientis » ;

« Nemo dat quod non habet ».

L'application de ces adages se trouve à chaque pas dans notre Code, et il est facile d'en donner des exemples :

C'est l'article 1599, aux termes duquel la vente de la chose d'autrui est nulle ;

L'article 2182-2° qui déclare que le vendeur ne transmet à l'acquéreur que la propriété et les droits qu'il avait lui-même sur la chose vendue ;

L'article 2125, qui applique la règle *resoluto jure dantis* en cas de constitution d'hypothèque sur un immeuble possédé sous condition ;

Les articles 929 et 963 qui décident que les biens soumis à la réduction et à la révocation, rentreront francs et quittes de toutes charges et hypothèques dans le patrimoine d'où ils sont sortis ;

L'article 1664, qui dispose que le vendeur à réméré peut exercer son action contre un deuxième acquéreur quand bien même la faculté de réméré n'aurait pas été déclarée dans le deuxième contrat : et l'article 1873, aux termes duquel le vendeur à réméré reprend son héritage exempt de toutes les charges et hypothèques dont l'acquéreur l'aurait grevé ;

L'article 865 du Code civil aux termes duquel : lorsque le rapport se fait en nature, les biens se réunissent à la succession francs et quittes de toutes charges créées par le donataire (1) ;

Les articles 537, 544, 545, de l'ensemble desquels il résulte que les particuliers ont la libre disposition des biens qui leur *appartiennent* ; qu'ils peuvent en disposer de la façon la plus absolue, et que, sauf dans certains cas déterminés, on ne peut les *contraindre à céder* leur propriété.

Voilà quelques applications de ces principes de bon sens en vertu desquels le propriétaire ne peut être dépouillé de son bien sans son fait ; — on ne peut transférer à autrui plus de droit qu'on n'en a soi-même sur la chose transmise.

Faisons donc à notre hypothèse l'application des principes du Code que nous venons de rappeler :

Pour bien préciser la question, demandons-nous d'abord quelle est la situation de l'héritier réel. Dans notre droit, l'héritier qui est appelé à la succession devient propriétaire des biens au moment même du décès du *de cujus* ; même s'il l'ignore, la propriété des biens composant l'hérédité passe immédiatement sur sa tête, c'est lui qui devient titulaire de tous les biens, droits et

---

(1) En ce qui touche le rapport, il a lieu en moins prenant quand le donataire a aliéné l'immeuble avant l'ouverture de la succession (article 860). Nous voyons que l'article 860 valide la vente faite par le donataire, mais c'est là une exception aux principes de l'article 865 du Code civil.

actions du défunt au moment même du décès, et comme il a d'après la loi un délai de trente ans pendant lequel il peut prendre parti valablement (789), nous voyons que son droit ne peut pas être brisé pendant ce délai, ou si l'on veut, ce qui revient au même, que son droit de propriété ne peut être anéanti que par la prescription acquisitive des biens de la succession accomplie par un tiers possesseur.

C'est donc l'héritier réel seul, qui est propriétaire des biens de la succession ; et en appliquant les conséquences qui découlent nécessairement du droit de propriété et de son inviolabilité, reposant sur les principes que nous avons rappelés, nous pouvons dire que toute atteinte portée à la propriété par un tiers, par un héritier apparent, ne peut produire aucun effet, que l'héritier apparent ne peut pas aliéner valablement, car nul ne peut être dépouillé de son droit de propriété, malgré lui, sans son fait (art. 545, C. civ.), sauf dans certains cas prévus par la loi et qui s'appuient sur l'intérêt général (expropriation pour cause d'utilité publique, — prescription, — application de l'art. 2279). On ne peut donc pas accorder à l'héritier apparent le droit de disposer d'un bien qui ne lui appartient pas, et s'il consent une vente immobilière, il ne transmettra aucun droit aux tiers, car c'est une vente faite *a non domino* puisqu'il n'a jamais été propriétaire, et que l'on ne peut disposer valablement et efficacement que de ce qui vous appartient.

Quand l'héritier apparent est en possession, il a bien l'exercice du droit de propriété, mais il n'en est certainement pas titulaire, un fait ne peut engendrer le droit immédiatement ; or le titulaire d'un droit peut disposer seul valablement du droit lui-même, et par suite l'héritier apparent ne pourra pas aliéner valablement un bien dont il a la simple possession, ou tout au moins, cette aliénation ne deviendra opposable au véritable propriétaire que du jour où le tiers acquéreur aura prescrit la propriété ; mais jusque-là, le véritable héritier n'est pas privé de son droit même, mais seulement de l'exercice de son droit c'est-à-dire de la possession ; et il pourra revendiquer l'immeuble aliéné entre les mains du possesseur quel qu'il soit, car un simple fait ne peut le dépouiller de son droit (1).

Nous savons que l'on s'est basé, pour admettre la validité, sur des considérations générales d'intérêt public. Nous répondrons à ces arguments, mais nous ne pensons pas que de telles considérations puissent être décisives en présence des textes.Ces idées, croyons-nous, doivent fléchir devant les termes si précis de la loi, et s'incliner devant le droit sacré de la propriété qui est bien davantage d'ordre public. « Ces considérations d'équité se concilient assez mal avec ces règles précises de droit civil, en vertu desquelles nul ne peut conférer à autrui plus de droit qu'il n'en a lui-même ;

---

(1) Cf, Laurent, *op. cit.*, t. 9, p. 637, n° 559,

et disparaît le droit de celui qui a reçu quand disparaît le droit de celui qui a donné. Pourquoi ces règles applicables au simple possesseur ne le sont-elles pas à l'héritier c'est-à-dire à celui qui est devenu propriétaire par dévolution successorale? Où est la base juridique de cette distinction? Quel est le texte qui l'autorise. Voilà ce semble ce qu'il aurait fallu trouver dans les décisions de la Cour suprême à côté sinon de préférence aux considérations tirées de l'intérêt social (1).

Mais, dit-on, et c'est la planche de salut, bien fragile d'ailleurs, des partisans de la validité, n'y a-t-il pas dans le Code des exceptions visant le cas de l'héritier apparent, ou tout au moins ne lui sont-elles pas applicables et n'apportent-elles pas une dérogation aux principes que vous invoquez; car dans cette hypothèse le tiers acquéreur de bonne foi est très digne d'intérêt et mérite une protection toute particulière, et le Code civil n'a pas dû le laisser dans une situation aussi dure que celle imposée par la stricte application des principes? Et nous verrons avec quel soin, quelle subtilité les auteurs partisans de la validité et la jurisprudence s'efforcent de trouver une exception de ce genre. Nous montrerons que nulle part le Code civil ne s'est préoccupé de la question, que si dans la loi, nous rencontrons certaines dérogations aux principes, elles ne visent pas notre hypothèse et qu'il ne faut pas oublier, comme nos adversaires, que

(1) Note au Sirey, 1897.1.313.

les exceptions sont de droit étroit et écrites pour un cas spécialement prévu et qu'elles ne peuvent être étendues à un cas à peu près semblable pour lequel la loi, dans son silence, a entendu qu'on s'en rapporte aux principes généraux. Quant à la bonne foi du tiers acquéreur, elle est évidemment digne de considération et les rédacteurs du Code civil l'ont pensé puisqu'ils l'ont protégée dans les articles 549 et 2265 du Code civil en permettant au possesseur de bonne foi : 1° d'acquérir les fruits ; 2° de prescrire par 10 à 20 ans ; et tout en accordant dans ces articles certains privilèges au possesseur de bonne foi, les rédacteurs ont pensé qu'ils ne pouvaient faire plus sans porter atteinte au droit de propriété. Souvent même, la situation de l'héritier réel sera aussi digne d'intérêt et de protection que celle de l'acquéreur, car s'il n'a pas connu l'ouverture de la succession, il n'a pu empêcher une aliénation qu'il ignorait, et dans ce cas, son droit de propriété doit l'emporter sur la possession qui n'est qu'un simple fait ; et même s'il a connu l'ouverture de la succession et qu'il soit resté dans l'inaction, son droit ne peut cependant pas être anéanti par une soi-disant prescription momentanée basée sur la bonne foi du tiers acquéreur, comme le prétendent les adversaires, car la loi lui accorde un délai pendant lequel il peut se prononcer valablement et faire valoir son droit.

Et d'ailleurs les mêmes inconvénients ne se présentent-ils pas dans d'autres hypothèses pour lesquelles cependant le Code civil n'a apporté aucune dérogation aux principes ? Par exemple : aux termes de l'article 1664 du Code civil, « le vendeur à pacte de rachat peut exercer son action contre un second acquéreur, quand même la faculté de réméré n'aurait pas été déclarée dans le second contrat ». La situation du tiers acquéreur est identique à celle de celui qui a acheté de bonne foi un bien d'un héritier apparent, et cependant la loi n'a cru devoir apporter aucune exception ;

Dans le cas visé par l'article 954 du Code civil, la révocation de la donation pour inexécution des conditions, fait rentrer entre les mains du donateur les biens libres de toutes charges et hypothèques du chef du donataire ;

De même dans le cas où la vente est entachée de dol, d'erreur, on applique la règle *resoluto jure dantis resolvitur jus accipientis*, en cas d'annulation, et les tiers sont dépouillés de leur acquisition (1).

---

(1) La résolution d'une vente pour défaut de paiement du prix offrait sous l'empire du Code civil la même particularité. Le droit de résolution de la vente était indépendant du privilège du vendeur, c'est-à-dire que le vendeur non payé pouvait demander la résolution de la vente, conformément aux articles 1184 et 1654, quand bien même il n'avait pas, pour une raison quelconque, conservé son privilège (art. 2103-1º). Or, en vertu de la rétroactivité, toutes les aliénations totales ou partielles disparaissaient, tous les droits réels, servitudes, usufruit, usage, habitation, s'évanouissaient ; toutes les hypothèques établies par l'acquéreur ou de son chef étaient résolues, l'immeuble revenait franc et libre aux mains du vendeur. Les tiers étaient par là même souvent lésés (car ils ne pouvaient vérifier facilement si le prix avait été payé), puisque le vendeur tout en ayant perdu son privilège conservait néanmoins

Voilà quelques hypothèses dans lesquelles les tiers n'ont aucune protection, leur situation est à peu près la même que celle des tiers acquéreurs de l'héritier apparent, et nous voyons que la loi n'a cru devoir poser

son action résolutoire. La loi du 23 mars 1855, sur la transcription, a, dans son article 7, déclaré que le vendeur déchu de son privilège, perdait par là même son action en résolution contre les tiers acquéreurs. Cet article ne vise d'ailleurs que les rapports du vendeur et des tiers acquéreurs en sous-ordre, mais laisse intact le droit du vendeur contre son acheteur, et ne modifie pas, à ce point de vue, le système antérieur. Nous voyons donc que la loi a, dans une certaine mesure, protégé les tiers, et qu'elle a un peu amélioré leur situation, car du moment que les registres du conservateur ne leur indiqueront pas que le vendeur a conservé son privilège, ils pourront traiter en toute sécurité avec le premier acquéreur, certains de n'être pas dépouillés de leur acquisition par l'exercice de l'action en résolution dont le sort est lié au privilège du vendeur.

De même, dans l'intérêt des tiers, un premier pas avait été fait par la loi du 2 juin 1841 modifiant l'article 717 du Code de procédure : « ...L'adjudication ne transmet à l'adjudicataire d'autres droits à la propriété que ceux appartenant au saisi. Néanmoins l'adjudicataire ne pourra être troublé dans sa propriété par aucune demande en résolution fondée sur le défaut de paiement du prix des anciennes aliénations, à moins qu'avant l'adjudication la demande n'ait été notifiée au greffe du tribunal où se poursuit la vente. »

De même l'article 4 de la loi du 23 mars 1855 : « Tout jugement prononçant la résolution, nullité ou rescision d'un acte transcrit, doit, dans le mois à dater du jour où il a acquis autorité de la chose jugée, être mentionné en marge de la transcription faite sur le registre » ;

L'article 958 du Code civil aux termes duquel « la révocation pour cause d'ingratitude ne préjudiciera ni aux aliénations faites par le donateur, ni aux hypothèques et autres charges réelles qu'il aura pu imposer sur l'objet de la donation.... ».

Voilà, pris au hasard, quelques cas où nous voyons la loi accorder aux tiers une protection toute particulière ; or, si elle n'a pas posé d'exception en faveur des tiers acquéreurs de l'héritier apparent, même de bonne foi, c'est qu'elle a pensé que la question devait être tranchée par l'application des principes généraux.

en leur faveur aucune exception, et c'est pourquoi dans ces cas, comme dans celui de l'héritier apparent, il faut appliquer les principes du Code et conclure à la nullité de l'aliénation.

En résumé, en présence des principes du Code que nous avons rappelés, devant le silence de la loi qui n'apporte aucune exception pour notre hypothèse, nous croyons que la seule solution juridique qui s'impose, est la nullité des actes de disposition consentis par l'héritier apparent (1).

(1) En ce sens voir notamment : Grenier, *Hypothèques*, p. 301 ; Toullier, S. 1815.2.276 ; Duranton, *Droit civil*, I, p. 427 et s. ; Marcadé, *Explication du Code civil*, I, p. 363 et s. ; Mourlon, *Droit civil*, I, p. 259 et s., II, p. 98 et s. ; Hureaux, *Droit de succession*, III, p. 249 et s. ; Huc, *Commentaire sur le Code civil*, V, p. 322 et s. ; Larombière, *Obligations*, sur l'art. 1165, p. 656 et s. ; Proudhon, *Usufruit*, p. 295 et s. ; Pascaud, *Revue critique*, 1881, p. 103 ; Laurent, *Droit civil*, IX, p. 637 et s. ; Seresia, *Pétition d'hérédité*, p. 319 et s. ; V. Théry, *Droit civil*, II, p. 127 et s. ; Baudry-Lacantinerie et Wahl, *Traité théorique et pratique de droit civil. Des successions*, n° 1245.

CHAPITRE II

Nous allons à présent étudier l'évolution de la jurisprudence ; nous montrerons d'abord dans quel sens elle semble s'être orientée avant le Code civil, puis comment, gênée par les grands principes de cette œuvre d'unification, elle a fait prévaloir un système qui s'appuie beaucoup plus sur des considérations pratiques que sur le droit. Nous montrerons que les textes cités par elle à l'appui de ses décisions ne peuvent servir de fondements solides à son système, et qu'à côté du principe de la libre circulation des biens fréquemment invoqué par la jurisprudence, il y a une idée beaucoup plus puissante qui milite en faveur de l'opinion adverse, qui est le respect de la loi et en particulier du droit de propriété.

Remarque. — Faisons tout d'abord une remarque importante : c'est que par acte de disposition, nous ne comprenons pas seulement la vente, comme on pourrait le croire à la première lecture, mais tous les actes par lesquels une personne aliène tout ou partie de son patrimoine ; par conséquent, les aliénations à titre onéreux, comme celles à titre gratuit ; les constitutions d'hypothèques, de servitudes, etc., en un mot toutes les constitutions de droits réels quelconques sur les biens de la succession. Nous nous placerons dans cette étude à un point de vue un peu spécial, en ce sens que nous parlerons de la vente, hypothèse très fréquente qui s'est présentée le plus souvent en jurisprudence et qui est prise par tous les auteurs comme type des actes de disposition. Mais notons que la solution que nous adopterons devra être étendue à tous les actes de disposition.

§ 1. — Jurisprudence avant le Code civil.

Que se passait-il dans l'ancien droit? Dans quel sens la jurisprudence était-elle fixée, y avait-il unanimité dans les arrêts de parlements ? Si nous consultons les recueils, nous trouvons peu de décisions intervenues sur la question, et les meilleurs guides semblent être Lebrun, Cochin et Merlin. Celui-ci, en effet, nous cite un certain nombre d'arrêts consacrant le système de la validité, mais n'oublions pas que Merlin défend lui-même ce système et que s'il a invoqué ces arrêts à l'appui de sa théorie, il a très bien pu laisser dans l'ombre ceux qui avaient été rendus en sens contraire. D'ailleurs, l'absence d'unification de la loi, la diversité des coutumes ne devaient pas peu contribuer au défaut d'entente.

Parmi les décisions que nous avons pu relever, nous

trouvons l'hypothèse signalée plus haut de l'exclusion
de l'héritier bénéficiaire par l'héritier pur et simple (1).
Nous avons déjà vu quelle était l'opinion de Lebrun ;
ajoutons avec lui que « l'héritier pur et simple qui exclut l'héritier bénéficiaire peut rentrer dans les biens
immeubles qui ont été par lui aliénés à moins que le
prix n'en ait été employé au paiement des créances » (2).

L'opinion de Lebrun était-elle généralement admise,
était-elle la même que celle de la jurisprudence, nous
ne pouvons l'affirmer, mais d'après lui « *il est certain*
que l'héritier plus éloigné n'aurait pas pu aliéner pendant sa jouissance au préjudice du plus proche héritier (3) ».

Voilà qui est formel ; Lebrun dans cette hypothèse
nous déclare *qu'il est certain* ; or il semble bien, pour
émettre avec autant de précision une telle opinion, être
l'écho, soit de la majorité des auteurs, soit de la jurisprudence. C'est avant 1708, date de sa mort, le seul
guide que nous ayons et son affirmation semble inspi-
rée par une idée communément admise ; mais nous ne
pouvons soutenir que cette solution ait été adoptée par
la jurisprudence qui semble au contraire pencher vers le
système de la validité. « Il est très important de faire
attention que pour donner aux choses jugées cette auto-

---

(1) V. p. exemple : *Parlement de Paris*, 2 février 1571 ; Louët, *Recueil d'arrêts notables*, I, p. 794.

(2) Lebrun, *Traité des successions*, Liv. 3, ch. 4, n° 57.

(3) Lebrun, *Traité des successions*, Liv. 3, ch. 4, n° 57.

rité qui approche de la législative, il ne suffit pas d'un ou de deux arrêts, rendus souvent sur des circonstances particulières ou dans des causes mal plaidées et mal défendues..... C'est le sens de notre proverbe coutumier : une fois n'est pas coutume (Loysel, Liv. 5, tit. 5, Reg. 11 1). »

En dehors de cette hypothèse, Merlin nous cite un certain nombre d'arrêts postérieurs à 1708 et qui admettent la validité ; d'autres auteurs nous en citent dans le même sens, examinons-les par ordre chronologique.

Nous rencontrons tout d'abord un arrêt du parlement de Normandie qui semble bien être un des premiers, ou, tout au moins, un des plus importants, puisque nous le trouvons plus tard invoqué par certaines cours, l'arrêt Malandrin du 17 juin 1739 (2). Cet arrêt ayant eu une certaine influence sur les décisions postérieures, nous croyons qu'il n'est pas inutile d'en rapporter très brièvement l'espèce. Un héritier apparent de mauvaise foi avait été mis en possession de l'hérédité par un arrêt du 28 novembre 1716 ; après son décès, son fils vend à Malandrin un immeuble de la succession, puis un héritier plus proche se présente et assigne Malandrin en restitution de l'immeuble qui « approche en garantie »

---

(1) Bouhier, *Observations sur la coutume de Bourgogne*, ch. 15, n° 49.

(2) Rouen, 17 juin 1739, Merlin, *Rép. de jurisp.*, sect. I, § 5, n° 2. Malandrin, Malandin ou Malaudin, nous trouvons les trois noms. Invoqué, par exemple, par Caen, 21 février 1814, S. 1815.1.287.

son vendeur. Malandrin est condamné à déguerpir,
mais il fait appel au parlement qui réforme le jugement
et valide la vente. Quels sont donc les motifs sur lesquels la Cour s'est basée pour rendre son arrêt ? Ce sont
principalement des motifs de fait.

L'acquéreur était de bonne foi, il a vu des titres d'au-
thenticité (envoi en possession de 1716) et n'a aucun reproche à s'adresser ; il a payé sur sa fortune qu'il tenait
de son travail et qui est beaucoup plus favorable qu'une
fortune purement accidentelle ; d'autre part, l'inaction
de l'héritier réel ne peut nuire qu'à lui-même et jamais
aux tiers, il n'avait qu'à se présenter plus tôt ; il y a de
sa part une grande négligence qui a permis à un tiers
de s'emparer de la succession et a induit l'acquéreur
en erreur. « On doit considérer que dans le cas où se
trouvait Marguerite Léger (héritier apparent), elle n'a-
vait point eu de propriété acquise à la chose ; le temps
de la saisine légale était bien éloigné, lorsqu'elle avait
réclamé la succession : aucune propriété n'avait reposé
sur sa tête ; elle n'avait point été dépouillée ou expro-
priée du fonds puisqu'elle ne s'était point déclarée héri-
tière, et puisqu'elle avait perdu toute saisine légale (1). »
Telles sont, d'après Flaust, les considérations générales
qui ont dû guider les juges. Et Merlin conclut en disant
que c'est la consécration des principes d'éternelle justice du droit romain (2).

(1) Flaust, *Coutume de Normandie*, I, p. 9 et s., rapporté par Merlin.
Questions de droit, Vᵒ *Héritier*, § III, p. 393.
(2) Dig., liv. 5, tit. 3, fr. 25, § 17. Ulpien : « Item si rem distraxit

Nous voyons donc que la Cour invoque : 1° la bonne foi du tiers acquéreur ; 2° l'inaction de l'héritier réel qui lui est reprochée comme une faute. Nous retrouverons ces deux motifs dans les arrêts postérieurs au Code civil. Le parlement de Normandie a donc posé le premier, en principe, le système de la validité.

Après lui, le parlement de Paris, dans l'affaire de la fille du président Ferrand, contre les héritiers Saviard, a rendu un arrêt dans le même sens (1). La question était à peu près semblable, et Cochin, défenseur de Mlle Ferrand, disait dans le mémoire qui a précédé l'arrêt : « La question se réduit à savoir si celui à qui la propriété d'un bien appartient incontestablement en peut être dépouillé, parce qu'il aura plu à un tiers de le vendre sans sa participation (2). » La Cour a pensé que c'était possible et Cochin nous déclare qu'il fut jugé contre la requête et le mémoire par arrêt du 17 juin 1744, et que la Cour valida l'aliénation faite par les héritiers apparents Saviard au détriment de Mlle Ferrand. Ce sont à peu près les mêmes motifs que dans l'arrêt Malandrin.

bonæ fidei possessor, nec pretio factus sit locupletior, an singulas res, si nondum usucaptæ sint, vindicare petitor ab emptore possit ? et si vindicit, an exceptione non repellatur, quod præjudicium hereditati non fiat inter actonem et eum qui venumdedit : quia non videtur venire in petitiorem hereditatis pretium earum : quamquam victi emptores reversuri sunt ad eum, qui distraxit ? Et puto, posse res vindicari, nisi emptores repressum ad bonæ fidei possessorem habent..... »

(1) Merlin, *Questions de droit*, V° *Héritier*, p. 396.
(2) Cochin, *Plaidoiries*, 139e cause.

Nous voici donc en présence de deux arrêts qui admettent la validité, mais il n'y avait pas unanimité dans la jurisprudence, car Merlin nous cite un arrêt dont il ne connaît pas exactement l'espèce, mais qui est invoqué par Langlois Dulouvre, avocat, en 1758 dans une affaire semblable, et rapporté par M. Ferrey dans un mémoire du 30 ventôse an VIII. Cet arrêt rendu le 5 août 1748 par le parlement de Rouen dans une question semblable à celle qui nous occupe, d'après ce qu'a pu en savoir Merlin, concluait à la nullité (1).

Puis nous trouvons toute une série d'arrêts adoptant la validité : Parlement de Bretagne, 18 août 1752 qui déclare que « les traités passés avec le seul héritier qui se fait connaître sont valables contre les autres héritiers qui se présentent dans la suite : ils ont la même validité contre ceux qui excluent l'héritier apparent putatif (2) ». Merlin, rapportant Malpel (*Traité des successions ab intestat*, p. 428 et s.), nous en cite un certain nombre dans le même sens (3) : Toulouse, 18 mars 1773 ; 2 septembre 1779 ; 7 septembre 1780 ; Paris, 19 février 1782 (4) ; Toulouse, 9 avril 1788. — Tous ces arrêts s'appuient sur des motifs identiques à ceux que nous avons relatés plus haut ; — ils ont pour base juridique le droit romain, ce qui permet à Merlin de citer une

(1) Merlin, *Questions de droit*, V° *Héritier*, p. 394.
(2) Duparc Poullain, *Journal du parlement de Bretagne*, t. IV, p. 437.
(3) Merlin, *Id.*, p. 396.
(4) Merlin, *Rép. de jurispr.*, V° *Succession*, sect. I, § 5, n° 2.

phrase de M. Laviguerie, bâtonnier des avocats à Toulouse, dans une consultation du 1ᵉʳ mars 1786 : « Les aliénations faites par le possesseur de bonne foi d'une hérédité sont inexpugnables de la part de l'héritier avec promesse de garantie. » C'est bien là, en effet, le système romain.

Que devons-nous conclure de cet ensemble d'arrêts que nous venons de rapporter ? — Le parlement de Normandie, après lui, les parlements de Paris et de Toulouse ont adopté le principe de la validité, mais nous avons vu cependant qu'il n'y avait pas unanimité dans les décisions de la jurisprudence. Nous pouvons donc dire que la jurisprudence semble avoir adopté le système de la validité et que des considérations pratiques l'ont poussée vers cette théorie beaucoup plus que le droit romain qui avait été mal interprété dans certaines décisions (par exemple, comme nous le verrons, l'arrêt Malandrin, dans lequel l'héritier apparent était de mauvaise foi). De plus, les recueils d'arrêts nous fournissent peu de renseignements, et Merlin qui a traité la question avec le plus de développements et de soins nous paraît être le meilleur guide et le plus certain. Or, d'après lui, la jurisprudence semble avoir adopté en général le système de la validité, tout au moins dans les parlements de Normandie, Paris et Toulouse. Mais il n'en était pas ainsi partout, car Coulon nous affirme que dans d'autres parlements les auteurs enseignaient une doctrine contraire fondée sur le texte même des coutumes : « Le seigneur était appelé à la succession, lorsqu'il ne se présentait point d'héritier du sang ; il était héritier apparent sous la seule condition de rendre les biens, s'il se présentait des parents en temps utile. Cependant s'il vendait des biens, le véritable héritier, qui s'était fait connaître, pouvait les revendiquer, quoique l'acheteur fût de bonne foi. L'article 301 de la coutume de Poitou était précis sur ce point : il ne mettait l'acquéreur à l'abri de la revendication que par la prescription de 10 à 20 ans (1). »

En résumé nous pouvons dire que, si l'ensemble des arrêts que nous connaissons pendant cette période admet en général la validité, cette théorie n'était pas universellement acceptée ; qu'elle était d'ailleurs attaquée par des auteurs comme Lebrun et Cochin, et que, dans certaines coutumes, le système de la nullité était admis et basé sur les textes. Nous voyons dès cette époque la divergence qui existe entre la jurisprudence et la doctrine, divergence qui n'a fait que s'accentuer, la jurisprudence restant fidèle au système de la validité auquel elle s'attache de plus en plus, et la plupart des auteurs soutenant déjà le système de la nullité qui reste aujourd'hui encore le système de la doctrine.

---

(1) Coulon, *Questions de droit*, I, Dialogue 3, p. 66 ; édit. de 1838. Cet auteur nous déclare qu'en Normandie on admettait la validité, et il ajoute : « Mais il est *certain* que, dans les autres Parlements, les auteurs enseignaient une doctrine contraire, et leur doctrine était fondée sur le texte même des coutumes. »

§ 2. — Jurisprudence après le Code civil.

Nous avons vu quels étaient les principaux arguments donnés par les parlements à l'appui de leurs décisions ; ils se basaient principalement sur la bonne foi du tiers acquéreur, sur l'inaction de l'héritier réel qui lui était reprochée comme une faute, et sur le droit romain. Mais à présent, nous n'avons plus une multitude de coutumes comme autrefois, le droit romain n'a plus aucun empire, une grande œuvre d'unification a été faite, le Code civil existe ; et il existe avec ses principes auxquels on doit se référer quand on veut trouver la solution d'une question juridique. Nous allons voir si la jurisprudence a suivi cette règle de conduite et si elle a appliqué les principes inscrits dans notre Code.

La jurisprudence française, sous l'influence de considérations d'ordre pratique, admet aujourd'hui d'une façon constante le système de la validité des actes de disposition de l'héritier apparent, mais il n'en a pas toujours été ainsi, et l'on peut dire que, depuis le Code civil, elle est arrivée peu à peu et par degrés, à adopter le système auquel elle est définitivement attachée.

Un arrêt de la Cour de cassation du 20 mai 1806 (1) confirmant un arrêt de la Cour d'appel du 14 fructidor an XII (2), est le premier qui valide la vente consen-

---

(1) Chabot, *Successions*, nº 13, p. 32.
(2) *Répert. de jurisp.*, Vº *Bâtard*, sect. 2, § 4.

tie par un héritier apparent. Mais il nous faut remarquer que si l'arrêt de cassation est postérieur au Code civil, l'arrêt de la Cour d'appel est antérieur ; et par suite, il semble qu'on peut plutôt faire rentrer cette décision dans l'ancienne jurisprudence. Laissons donc de côté cet arrêt qui confirme une décision antérieure au Code et qui par suite n'a pas pu appliquer ses textes, et examinons la jurisprudence après 1806.

§ 3 — Première phase.

La Cour de Caen, dans un arrêt du 21 février 1814 (1) qui fut confirmé par la Cour de cassation le 3 août 1815 (arrêt de Prépetil) (2), admet nettement le système de la validité. La Cour de Caen invoque l'ancienne jurisprudence et notamment l'arrêt Malandrin du 17 juin 1739 ; elle tient compte de la bonne foi du tiers acquéreur et de la situation de l'héritier apparent qui se considérait comme propriétaire ; elle écarte l'application des articles 724, 729, 789, 790, 2265, 1599 du Code civil, qui ne sont que des principes généraux posés pour des cas ordinaires et ne pouvant porter atteinte à l'ancienne jurisprudence ; enfin elle considère qu'il serait déraisonnable d'attendre le délai de la prescription pour permettre à l'héritier apparent de consentir valablement des actes de disposition. — Sur les conclusions de l'avocat général Joubert, la Cour de cassation confirma la décision de la Cour de Caen dans un arrêt très laco-

(1-2) Caen, 21 février 1814 (S. 1815.1.286, de Prépetil).

nique : « Attendu que l'arrêt dénoncé est fondé sur une ancienne jurisprudence conforme au droit romain et soutenu par les motifs les plus puissants d'ordre et d'intérêt public ; qu'elle se concilie avec les articles prétendus violés 549, 724, 1399 du Code civil qui n'ont statué qu'en principe et règle générale ; — Confirme. »

Certaines cours suivirent alors la voie tracée par la Cour de cassation ; mais jusqu'en 1843, début d'une nouvelle phase, nous trouvons trois systèmes en présence.

Les unes admettent la validité des aliénations consenties par l'héritier apparent en exigeant, comme la Cour de Caen, la bonne foi du tiers acquéreur (1).

D'autres ne consentent à valider la vente qu'autant qu'il y a bonne foi de la part de l'héritier apparent et du tiers acquéreur (2).

D'autres, enfin, mais en plus petit nombre, soutiennent le système de la nullité (3).

Dans leur résistance, les cours ont généralement motivé leurs arrêts d'une façon très serrée et ont réfuté les

(1) Voyez notamment, Montpellier, 11 janvier 1830, S. 1833.2.454 ; Paris, 1er mai 1830, S. 1830.2.299 ; Rouen, 25 mai 1839, S. 1839.2. 451.

(2) Paris, 12 avril 1823, S. 1824.2.49 ; Toulouse, 5 mars 1833, S. 1833.2.516 ; Limoges, 27 décembre 1833, S. 1834.2.543 ; Bourges, 16 juin 1837, S. 1838.2.201 ; Toulouse, 21 décembre 1839, S. 1840.2. 168 ; Bordeaux, 24 décembre 1834, S. 1835.2.294.

(3) Poitiers, 13 juin 1822, S. 1836.2.290 en note ; Orléans, 27 mai 1836, S. 1836.2.289 ; Poitiers, 10 avril 1832, S. 1832.2.379 ; Bordeaux, 14 avril 1832, S. 1832.2.501 ; Montpellier, 9 mai 1838, S. 1838. 2.492.

arguments d'intérêt général invoqués par la Cour de
cassation. Par exemple, l'arrêt de la Cour de Poitiers du
13 juin 1822 : « Considérant que l'inconvénient de laisser quelques doutes dans l'esprit de certains acquéreurs
sur la qualité d'un petit nombre d'héritiers apparents,
et de jeter un peu de défaveur sur la vente des biens de
quelques successions, est bien moins contraire à l'intérêt général et à l'ordre public que ne le serait l'atteinte
portée aux droits des propriétaires sans leur fait, et la
faculté offerte à tous les héritiers de mauvaise foi de
dépouiller les héritiers légitimes en les devançant de
quelques instants pour vendre à des tiers, dont il serait
presque toujours impossible de prouver la mauvaise
foi, les biens des successions ouvertes, et pour les soustraire à toutes les recherches de l'héritier saisi.... déclare les actes et les arrière-ventes, nuls et de nul effet. »
Par exemple, l'arrêt de la Cour d'Orléans du 27 mai
1836, qui, au point de vue du fait, pose en principe que
le droit du propriétaire est beaucoup plus puissant et
mérite plus de protection que l'intérêt général, et qui, au
point de vue du droit, invoque les articles 724, 1599, 2182
du Code civil, qui déclare que la bonne foi de l'acquéreur n'est intéressante que pour l'application des articles 549 et 2265 du Code civil ; que le Code a eu soin de
poser des exceptions (132, 790, 954, 1240, 1935, C. civ.),
qu'on ne peut les étendre sans renverser le grand principe de l'article 1599 ; et qui conclut en annulant la
vente faite par l'héritier apparent comme faite *a non
domino*.

Nous voyons donc que si dans cette période la jurisprudence se prononce en majorité pour le système de
la validité, il semble exister cependant une certaine
hésitation ; elle est encore flottante. Même parmi les
arrêts adoptant la validité, nous trouvons peu de cohésion ; les cours ne s'entendent pas sur les conditions
requises pour la validité, quoique l'on puisse constater
que les arguments qu'elles donnent sont sensiblement
les mêmes. Nous pouvons donc dire, sans crainte de
nous tromper beaucoup, que si la jurisprudence était
pendant cette période plutôt portée vers le système de
la validité, il n'y avait du moins dans ses diverses décisions aucune entente, aucune cohésion. Pour certaines
cours la bonne foi du tiers acquéreur suffisait ; pour
d'autres, il fallait en outre la bonne foi de l'héritier apparent.

En résumé, si la jurisprudence admet en principe le
système de la validité, il y a dans ses décisions une
certaine fluctuation, elle n'est pas encore suffisamment
établie, et ce n'est qu'en 1843 qu'elle imposera d'une
façon certaine et définitive la théorie de la validité des
actes d'aliénation de l'héritier apparent.

§ 4. — Deuxième phase.

Trois arrêts de la Cour de cassation du 16 janvier
1843 (1), fixent définitivement la jurisprudence. De ce

(1) S. 1843.1.97. Ces arrêts cités généralement sous le nom de Rastignac (1ʳᵉ espèce), sont pour les deux autres espèces les arrêts de Le-
noncourt et de Saisseval.

jour, nous trouvons peu de résistance de la part des
cours qui, presque toutes, adoptent la théorie de la Cour
suprême, parce que « cette jurisprudence (système de
la validité) a été consacrée par trois arrêts de la Cour
de cassation le 16 janvier dernier » (1).

L'arrêt de Rastignac qui est très important, déclare que
pour reconnaître la validité des actes d'aliénation de
l'héritier apparent, il n'y a pas lieu de distinguer entre
l'héritier du sang et l'héritier testamentaire ; — il écarte
l'application des articles 1599, 2182 du Code civil,
parce qu'il n'y a pas eu, dans le sens de ces articles,
vente de la chose d'autrui ; — de l'article 2125, car
cet article suppose l'existence soit d'une convention,
soit d'un texte précis de la loi où se trouvent ou d'où
résultent la condition, les cas de résolution, le principe
de l'éviction.

On ne peut, selon cette décision, faire entrer en jeu
la possession de 10 à 20 ans, car le vendeur qui a accepté la succession lorsqu'un parent plus proche ne se
présentait pas, ne doit pas être assimilé à un usurpateur ; de plus la Cour invoque un moyen nouveau qu'elle
oppose à l'article 1599 : « Dans le système de notre législation sur les successions, il n'y a point d'héritier
nécessaire, nul n'est héritier qui ne veut, ainsi le degré
plus proche de parenté ne suffit pas pour faire reposer
sur la tête du plus proche parent la propriété des biens

(1) Rouen, 30 janvier 1844, Pal. 1844.2.428.

de la succession ; il faut encore l'appréhension ou l'acceptation » (1). Et la Cour pose alors le principe de la collectivité de la saisine pour étayer sa théorie ; elle invoque l'article 755 aux termes duquel, lorsqu'une succession s'ouvre, elle est dévolue à tous les parents jusqu'au 12ᵉ degré inclusivement ; l'article 724 qui déclare que les héritiers légitimes sont saisis de plein droit des biens, droits et actions du défunt ; enfin l'article 774 d'après lequel l'effet de l'acceptation remonte au jour de l'ouverture de la succession. De là, l'héritier qui se met en possession des biens de l'hérédité, est saisi régulièrement, et par suite il peut consentir valablement des aliénations. Nous verrons ce qu'il faut penser de ce nouvel argument donné par la Cour suprême.

Enfin, la Cour fait appel à l'ancienne jurisprudence qui validait les ventes et qui doit être suivie, puisque le Code ne contient aucune disposition nouvelle à l'égard de ces ventes ; il y a, d'après elle, essentiellement lieu d'examiner les faits, et de voir si la vente a été faite à un acquéreur de bonne foi qui a traité sous l'influence de l'erreur commune. Quant à l'ordre et à l'intérêt publics, elle est un peu moins laconique que dans son arrêt du 3 août 1815 (2) : « Attendu que la jurisprudence des anciens parlements validait les ventes passées entre l'héritier apparent et les acquéreurs de bonne foi ;.... que les motifs de droit et d'équité, que les puis-

(1) Note au S. 1843 1. 97.
(2) S. 1815.1.286.

santes considérations d'ordre et d'intérêt publics qui
servaient de base à cette jurisprudence, ont conservé
leur force et ont même acquis un nouveau degré d'éner-
gie, puisque la législation moderne est plus favorable
que l'ancienne à la libre et facile circulation des biens ;

« Attendu, au reste, qu'en cette matière, il y a essentiellement lieu d'examiner les faits et d'apprécier les
circonstances en présence desquelles les ventes ont été
consommées, pour rechercher si elles ont été faites à
des acquéreurs de bonne foi par de véritables héritiers
apparents, sous l'influence de l'erreur commune ; que
dans l'examen et l'appréciation du juge, on trouve des
garanties contre les spoliations qui pourraient résulter
de l'appréhension subite des successions et des ventes
précipitées de leur actif.... »

A partir de 1843, il n'y a plus que deux systèmes en
présence ; les deux premiers groupes se fondent en un
seul et adoptent les motifs de l'arrêt de Rastignac, et
nous avons, d'une part, le système de la validité qui
applique sa théorie que le vendeur ait été de bonne ou
mauvaise foi (1) ; d'autre part, le système de la nullité,

_____

(1) Caen, 20 mars 1855, D. 56.2.63 ; Besançon, 1er mars 1864, D.
64.2.61 ; Besançon, 18 juin 1864, D. 64.2.171 ; Cass., 26 février
1867, S. 67.1.161 ; Cass., 4 août 1875, S. 76.1.8 ; Orléans, 12 août 1876,
S. 77.2.88 ; Cass., 3 juillet 1877, S. 78.1.38 ; Cass., 13 mai 1879, S.
80.1.26 ; Chambéry, 31 mars 1884, S. 84.2.133 ; Cass., 4 août 1885,
S. 86.1.120 ; Limoges, 7 décembre 1886, S. 87.2.29 ; Orléans, 8 avril
1891, D. 94.2.402 ; Cass., 26 janvier 1897, S. 97.1.313 ; Caen, 23 juin
1897, S. 98.2.12. Voyez toutefois, Paris, 29 janvier 1848, S. 48.2.159 ;
qui semble exiger la bonne foi du vendeur.

moins suivi par les cours (1), mais beaucoup plus juridique.

§ 5. — Conditions exigées par la jurisprudence. — Arguments qu'elle donne.

Quelles sont donc les conditions que la jurisprudence exige pour valider les aliénations consenties par l'héritier apparent? Quels sont les arguments qu'elle donne à l'appui de ses décisions?

La jurisprudence n'est peut-être pas aussi confuse qu'on s'est plu à le dire, et il nous semble qu'elle n'est pas « un vrai chaos », comme l'a prétendu M. Laurent (2). Les arrêts forment un ensemble assez uni, et on peut ramener à trois, les conditions requises pour la validité.

1° En premier lieu, faisant abstraction de la bonne ou mauvaise foi du vendeur, la jurisprudence exige la bonne foi du tiers acquéreur (3).

2° Il faut, en deuxième lieu, que cette bonne foi soit basée sur l'existence d'un titre soit testamentaire, soit légal, au profit de l'héritier apparent. Ce titre sera, par exemple, un testament régulier en vertu duquel l'héritier apparent aura pris possession des biens de l'héré-

(1) Rennes, 12 août 1844, S. 44.2.450 ; Colmar, 18 janvier 1850, S. 51.2.533 ; Paris, 16 mars 1866, S. 66.2.337 ; Rennes, 17 août 1876, S. 80.1.26.

(2) Laurent, *Principes de droit civil*, IX, n° 563.

(3) Nous allons retrouver la bonne foi du tiers acquéreur dans les arguments de la jurisprudence, aussi nous n'insistons pas ici, pour qu'il y ait plus d'uniformité dans les développements.

dité ; ce sera le degré de parenté, existant entre le défunt et le possesseur de l'hérédité, qui a pu le faire passer pour le véritable héritier. Au contraire la jurisprudence n'accorde aucune protection aux tiers, quand l'héritier apparent n'était qu'un simple usurpateur, un *prædo*, qu'elle ne considère plus alors comme un héritier apparent ; c'est là une distinction qui était inconnue du droit romain, et Pothier ne faisait aucune différence entre le *prædo* et l'héritier apparent au sens admis par la jurisprudence. Elle considère qu'il y a de la part du tiers une faute trop grossière, car il n'avait qu'à exiger la production des titres du vendeur et la justification de son droit. Mais du moment que l'héritier apparent s'est mis en possession de l'hérédité en vertu d'un titre, elle considère que la vente faite par celui-ci à un tiers de bonne foi ne peut être assimilée à la vente de la chose d'autrui faite par un usurpateur sans titre et sans qualité (1), quand bien même un crime, par exemple la fabrication d'un testament olographe, aurait été commis, crime qui aurait permis à l'héritier apparent de passer pour le véritable héritier (2), et en conséquence elle valide la vente.

3° Enfin, il faut une erreur commune et invincible ; c'est-à-dire, une erreur en vertu de laquelle l'acquéreur comme tous les tiers ont cru à la véracité du titre d'hé-

(1) Cass., 13 mai 1879, S. 80.1.26 ; Chambéry, 31 mars 1884, S. 84. 2. 133.

(2) Cass., 26 janvier 1897, S. 97.1.313 ; Caen, 23 juin 1897, S. 98.2. 12 ; *Contrà*, Paris, 16 mars 1866, S. 66.2.337.

ritier, de propriétaire du vendeur : erreur telle que l'acquéreur n'aura pu s'apercevoir de l'inanité du titre du
vendeur malgré une diligence moyenne.

Telles sont donc les principales conditions requises
par la jurisprudence pour qu'elle consente à valider les
aliénations faites par l'héritier apparent.

Certains arrêts vont encore plus loin, et pour eux, il
faudrait en outre que les juges déclarent que le vendeur
est un héritier apparent ; par exemple, la Cour de cassation, le 26 février 1867 (1), décide que pour qu'une
vente *a non domino* puisse être maintenue vis-à-vis du
véritable propriétaire, il faut que les juges déclarent
d'une manière expresse que le vendeur était un héritier
apparent, et constatent les faits impliquant cette qualité ; qu'on ne saurait considérer comme suffisante à cet
égard la simple déclaration que le vendeur se considérait et devait se considérer comme véritable propriétaire
et qu'il partageait l'erreur commune au sujet de l'acte
qui motivait sa croyance et sa bonne foi.

D'autres arrêts considèrent que la vente est valable,
lorsque l'héritier apparent a été admis, par suite d'une
erreur de droit sur sa qualité, au partage de la propriété
des biens dont il a disposé plus tard ; parce que l'on
considère que cette erreur peut constituer une faute
lourde de la part de l'héritier réel vis-à-vis des tiers,
induits en erreur par son fait ; l'héritier véritable n'avait
qu'à se faire connaître et à faire valoir son droit ; par

(1) S. 67.1.161.

son inaction, il s'est rendu responsable personnellement
de sa faute et ne peut pour ce motif agir en revendication des immeubles, car il doit, aux termes de l'article 1382, réparation du préjudice causé, réparation qui
consistera à laisser les tiers acquéreurs propriétaires
des immeubles vendus (1).

Après avoir vu quelles sont les conditions exigées
aujourd'hui par la jurisprudence pour valider les aliénations consenties par l'héritier apparent, examinons
quels sont, depuis le Code civil, les arguments qu'elle
donne. Nous les exposerons sommairement et les réfuterons un peu plus loin dans la critique générale de la
jurisprudence.

1° Un des arguments invoqués par la Cour de cassation est tiré de la saisine ; nous le citons en premier
lieu, car la jurisprudence l'a aujourd'hui abandonné ;
elle l'a présenté pour la première fois dans l'arrêt de
Rastignac du 16 janvier 1843.

D'après la Cour de cassation, l'héritier apparent est
propriétaire du bien qu'il aliène, et voici le raisonne-
ment qu'elle fait : tous les parents jusqu'au 12ᵉ degré
sont appelés à la succession qui leur appartient sous la
condition de la restituer, s'il se présente un héritier d'un
degré plus proche (art. 755, C. civ.) ; — aux termes de

(1) Voyez par exemple, Besançon, 1ᵉʳ mars 1864, D. 64.2.61 ; 18 juin
1864, D. 64.2.171. — Cette Cour adopte la même théorie que M. Jozon,
Revue pratique de droit français, t. XIV, p. 378, argument déjà signalé
dans l'ancienne jurisprudence.

l'article 774 du Code civil, l'héritier doit faire *adition d'hérédité* pour devenir réellement héritier et cette acceptation remonte au jour de l'ouverture de la succession ; — enfin, d'après l'article 724 du Code civil, *les héritiers légitimes* sont saisis de plein droit des biens, droits et actions du défunt. La Cour de cassation pose le principe de la collectivité de la saisine et le droit pour un successible plus éloigné d'entrer en possession de la succession en cas d'inaction du parent le plus proche. L'article 724 du Code civil a, dit-on, consacré la collectivité de la saisine en abrogeant l'article 318 de la Coutume de Paris : le mort saisit le vif, son hoir plus proche et habile à lui succéder. Par suite, la Cour conclut que l'héritier ainsi saisi qui a accepté la succession, n'aliène pas une chose dont il n'est pas propriétaire, mais peut consentir aux tiers des ventes parfaitement valables qui ne pourront être l'objet d'aucun recours de la part de l'héritier véritable.

2° La jurisprudence invoque, en deuxième lieu, certains arguments d'analogie tirés des articles 132, 136, 462, 790, 1240, 1380, 1935 du Code civil.

L'article 132 aux termes duquel l'envoyé en possession définitif des biens d'un absent peut les vendre valablement, puisque l'absent ne pourra que réclamer le prix de la vente quand il sera de retour ; — or, cet article doit être étendu *a fortiori* au cas de l'héritier apparent, car la situation de l'héritier réel est moins préférable, puisque celui-ci vient réclamer une hérédité à laquelle il ne s'est pas présenté, tandis que l'absent a des droits beaucoup plus dignes d'intérêt. Puisque l'absent doit reprendre son patrimoine dans l'état où il se trouve lors de son retour, à plus forte raison faut-il appliquer cet article 132 à l'héritier réel qui n'a pas fait valoir son droit, en temps utile, avant l'aliénation (1).

L'article 136, qui dit que s'il s'ouvre une succession à laquelle soit appelé un individu dont l'existence ne sera pas reconnue, elle sera exclusivement dévolue à ceux avec lesquels il aurait eu le droit de concourir ou à ceux qui l'auraient recueillie à son défaut. — Il résulte clairement de cet article, qu'il s'agit d'une dévolution définitive, emportant avec elle tous les droits inhérents à la propriété, entre autres le droit de disposition. Cette hypothèse est bien identique à celle de l'héritier apparent.

Les articles 462 et 790 aux termes desquels l'héritier qui revient sur sa renonciation doit respecter les actes d'aliénation qui ont été consentis par le curateur à succession vacante. — Or l'héritier réel est dans une situation analogue, et ces articles doivent lui être nécessairement appliqués.

L'article 1240, qui déclare que le paiement fait de bonne foi au créancier apparent, au possesseur de la créance est valable.

_____

(1) C'est le système adopté par MM. Aubry et Rau que nous étudierons spécialement, *Droit civil*, VI, § 616, note 32.

L'article 1380, qui dispose que, si celui qui a reçu de bonne foi un immeuble ou un meuble corporel qui ne lui était pas dû, a vendu la chose, il ne doit que le prix de la vente, — d'où l'immeuble ne peut pas être revendiqué, puisqu'on ne peut avoir à la fois le prix et la chose.

Les articles 2008 et 2009, aux termes desquels les engagements pris par le mandataire qui n'a pas connu la fin du mandat sont valables et doivent être exécutés à l'égard des tiers de bonne foi ; — la situation de l'héritier apparent est, dit-on, au moins aussi favorable que celle des possesseurs visés par les articles 1380, 2008 et 2009, et par suite il faut les lui appliquer.

Enfin l'article 1935 qui déclare que « l'héritier du dépositaire qui a vendu de bonne foi la chose dont il ignorait le dépôt n'est tenu que de rendre le prix qu'il a reçu, ou de céder son action contre l'acheteur s'il n'a pas touché le prix » ; — or cet article doit être étendu à notre hypothèse, car il y a une grande similitude entre l'héritier du dépositaire et l'héritier apparent.

Remarquons, de plus, que la jurisprudence écarte l'application des articles 1599 et 2182 du Code civil qui ne sont que des principes tout à fait généraux « et posés pour des cas ordinaires ».

3° Le troisième argument donné par la jurisprudence est basé sur la bonne foi du tiers acquéreur et l'erreur commune.

La bonne foi du tiers acquéreur mérite, dit-on, une protection toute spéciale ; il a acquis d'un vendeur qui passait pour héritier aux yeux de tous, il est tombé dans une erreur que tout le monde partageait, erreur qu'il n'a pas pu découvrir et dont il ne doit pas supporter les conséquences, car tout acquéreur aurait agi comme lui s'il avait été à sa place.

4° Enfin la jurisprudence invoque l'intérêt social, l'ordre public, la justice.

L'intérêt social veut que les biens circulent librement ; c'est là un principe de droit civil aussi bien que d'économie politique ; il ne faut pas que les biens restent hors du commerce, et si l'on n'adopte pas le système de la validité, on arrive à des résultats déplorables au point de vue de la sécurité des transactions ; personne ne voudra plus acquérir des biens faisant partie d'une succession par crainte de les acheter *a non domino* et de s'en voir dépouiller un jour par le propriétaire, le véritable héritier. De plus, l'ordre public est intéressé à ce que les procès soient peu nombreux, à ce que les transactions étant inattaquables et définitives, il n'y ait pas une série de recours exercés par plusieurs acquéreurs successifs. Enfin, n'est-il pas contraire à la justice de dépouiller de son acquisition celui qui, de bonne foi, dans les conditions exigées par la jurisprudence, a acquis un bien d'un héritier apparent ?

En résumé, la jurisprudence exige aujourd'hui, pour reconnaître la validité de la vente d'un bien particulier de la succession : la bonne foi du tiers acquéreur, une erreur commune et invincible, l'existence d'un titre testamentaire ou légal ; elle base son système sur l'analogie existant entre la situation de l'héritier apparent et différentes hypothèses posées comme exceptions dans la loi ; elle écarte l'application des principes généraux écrits dans les articles 1599, 2182 du Code civil ; elle invoque le principe de la libre circulation des biens, l'intérêt social, l'ordre public, la justice.

§ 6. — Aliénation de l'hérédité.

Remarquons, pour terminer cet exposé, que la jurisprudence n'admet pas la validité de la vente du titre d'héritier et des droits qui en découlent (1).

La Cour de cassation a posé le principe de la nullité de la vente du titre d'héritier et des droits qui en dérivent le 26 août 1833 : « Attendu en droit que si la possession publique, notoire et non contestée de la succession d'un défunt, dans la personne de son héritier apparent, produit une exception de bonne foi suffisante pour protéger les actes faits entre lui et des tiers, la même faveur ne peut être étendue à la vente du titre même d'héritier et des droits qui en dérivent, puisque, suivant l'article 1696 du Code civil, une telle vente suppose nécessairement la rigidité du titre d'héritier sur la tête du vendeur, qui est obligé de garantir ». On déclare de plus, par exemple

(1) Cass., 26 août 1833, S. 33.1.737 ; Rouen, 16 juillet 1834, S.34. 2. 443 ; Agen, 19 janvier 1842, S. 43.2.281 : Pau, 24 mars 1884, D.85. 2.201.

dans l'arrêt de la Cour d'Agen du 19 janvier 1842, que
l'acquéreur de l'hérédité représente l'héritier apparent,
et qu'il est soumis à toutes les actions du demandeur
en pétition d'hérédité qui peut exercer son droit pendant trente ans contre toute personne qui détient la
succession.

On a dit que ces décisions n'étaient pas inconciliables
avec l'arrêt de la Cour de cassation du 3 août 1815 (1),
car il s'agissait ici de la vente de l'*universum jus* et non
de la vente de biens particuliers, distinction que la jurisprudence avait bien soin de poser. La situation n'est
pas la même, car, en cas d'aliénation de l'hérédité, l'article 1696 déclare formellement que le vendeur est tenu
à garantie, or, comment peut-on admettre qu'il y ait garantie, s'il n'y a pas d'éviction possible ? Il faut considérer que le tiers a acquis la succession avec charge de
la rendre s'il se présentait un héritier plus proche. Enfin, la réalité du titre d'héritier ne réside pas sur la tête
du vendeur ; or, il est certain que l'héritier apparent n'a
pu céder les droits qui découlent du titre d'héritier puisqu'il n'a pas cette qualité.

Nous nous demanderons dans la critique de la jurisprudence, si ce principe de la nullité n'aurait pas dû
servir de base aux arrêts des cours ; si, adoptant ce
système général fort exact, la jurisprudence n'aurait
pas dû en tirer les conséquences nécessaires qui en dé-

(1) S. 1815. 1. 286, de Prépetil.

coulaient, et conclure en admettant la nullité des ventes de biens particuliers.

§ 7. — But de la jurisprudence.

Quel a donc été le but de la jurisprudence en admettant et en faisant prévaloir le système de la validité ?
Pourquoi a-t-elle adopté cette théorie peu juridique ?

On peut dire que la jurisprudence a voulu éviter une
cause fréquente de troubles dans le commerce juridique. Elle a pensé que, lorsqu'un tiers acquiérait de
bonne foi d'un héritier apparent, et sous certaines conditions, quand rien n'avait pu lui faire découvrir la
qualité de son vendeur, cette vente devait être validée ;
car l'acquéreur était dans une situation tout particulièrement digne d'intérêt. De plus, s'il y avait plusieurs
ventes successives, avant le retour de l'héritier réel,
et que celui-ci revendiquât ensuite le bien aliéné, il se
produirait une série de recours, une série de procès
nuisibles pour tous, que la jurisprudence a écartés en
adoptant la théorie de la validité. Les relations juridiques seraient gravement troublées, si celui qui avait
acheté un immeuble d'un héritier apparent s'en voyait
un jour dépossédé par l'héritier réel, quand rien n'avait
pu lui faire supposer son existence. Nul ne voudrait
plus traiter, et on porterait une grave atteinte au principe de la libre circulation des biens, et à la richesse du
pays. Il faut que les tiers traitent en toute confiance et

c'est pourquoi, lorsqu'il ont agi de bonne foi et sous certaines conditions, la jurisprudence leur accorde une protection spéciale.

Voilà, croyons-nous, les idées qui ont poussé la jurisprudence vers une telle solution : son but a été de protéger les relations juridiques, de les maintenir dans toute leur force, d'écarter tous les troubles qui leur porteraient atteinte, d'éviter de nombreux procès, et cela, tout aussi bien dans l'intérêt des tiers acquéreurs que dans l'intérêt général.

DEUXIEME PARTIE

CHAPITRE III

CRITIQUE DE LA JURISPRUDENCE.

Nous pourrions dans cette critique examiner d'abord l'ancienne jurisprudence et ensuite la jurisprudence postérieure au Code civil. Mais dans l'ancienne jurisprudence, nous trouvons comme argument spécial un texte d'Ulpien au Digeste (D. liv. 5, tit. 3, fr. 25, § 17) que nous rencontrerons plus tard en exposant la théorie de Merlin, et nous pensons qu'il vaut mieux reporter à ce moment les observations que nous ferons. Quant aux autres arguments donnés par les arrêts des parlements, ils ont été reproduits dans les arrêts postérieurs au Code civil, et c'est pourquoi nous croyons qu'il est préférable de les grouper et de les étudier dans leur ensemble, pour présenter un peu plus d'unité dans ce travail.

Nous examinerons donc en premier lieu les arguments ayant pour base des textes du Code civil, ensuite,

nous étudierons les arguments généraux donnés tant
par l'ancienne jurisprudence des parlements que par la
jurisprudence postérieure à 1804.

§ 1. — Argument tiré de la collectivité de la saisine.

1° Un des premiers arguments donnés par la Cour de
cassation est, comme nous l'avons vu, basé sur le principe de la collectivité de la saisine.

La Cour invoque l'article 724 aux termes duquel les
héritiers légitimes sont saisis de plein droit des biens,
droits et actions du défunt ; l'article 774, d'après lequel
l'effet de l'acceptation remonte au jour de l'ouverture de
la succession ; l'article 775, qui déclare que lorsqu'une
succession s'ouvre, elle est dévolue à tous les parents
jusqu'au 12ᵉ degré ; en outre, l'article 811, d'après lequel
il semble que la nomination d'un curateur à succession
vacante ne soit possible qu'autant qu'il ne se présente
aucun héritier ; l'article 136 du Code civil qui, en cas de
doute sur l'existence du plus proche héritier, appelle à
la succession un héritier du degré égal ou subséquent,
enfin l'article 789, aux termes duquel la faculté d'accepter ou de répudier une succession se prescrit par le laps
de temps requis pour la prescription la plus longue des
droits immobiliers. Puis après avoir posé le principe de
la collectivité de la saisine, la Cour conclut en ajoutant
que c'est l'*acceptation* qui investit réellement l'héritier
saisi de tous les droits du *de cujus*. Et de là, on doit né-

cessairement décider que tous les héritiers légitimes étant saisis jusqu'au 12ᵉ degré, sont considérés comme cohéritiers, tant que l'un d'eux n'aura pas fait adition d'hérédité pour affermir sur sa tête la propriété des biens de la succession ; argument tiré virtuellement de l'article 775 du Code civil.

Nous ne pensons pas que ce système soit admissible, et nous croyons que la saisine est individuelle et non pas collective comme le prétend la Cour de cassation. De l'avis presque unanime, l'article 724 du Code civil a reproduit purement et simplement l'article 318 de la Coutume de Paris : *le mort saisit le vif son hoir le plus proche habile à lui succéder*, et il signifie que chaque héritier légitime est saisi par la loi, individuellement, successivement, conformément à la dévolution des successions posée dans l'article 731 du Code civil, par opposition aux successeurs irréguliers qui doivent se faire envoyer en possession. La saisine ne peut, par sa nature même, s'attacher à deux successibles qui ne sont pas du même degré ; elle est fixée dès le décès par la loi qui l'attribue au plus proche héritier. De plus dans cet article 724 du Code civil, la loi, en nous déclarant que les héritiers sont saisis, a pris le mot héritiers dans le sens d'héritiers *appelés* à la succession, comme elle le fait dans d'autres articles. La transmission de propriété par succession est réglée par les articles 711 et 731 du Code civil, la saisine n'a trait qu'à la possession ; quand on dit que l'héritier légitime est saisi de plein droit,

cela veut dire que cet héritier, s'il est le plus proche
d'après la loi, n'aura aucune formalité à remplir pour
entrer en possession de fait, qu'il pourra s'y mettre directement et de lui-même et joindre la possession de fait
à la possession de droit de l'article 724 du Code civil (1).
Et ceci, par opposition aux successeurs irréguliers qui
doivent se faire envoyer en possession ; nous avons d'un
côté la saisine légale qui appartient de plein droit aux
héritiers légitimes appelés ; de l'autre, la « saisine judiciaire » que sont obligés de demander les successeurs
irréguliers, Il résulte donc, que lorsqu'une personne
meurt *ab intestat*, son plus proche héritier, celui que la
loi appelle à la succession, devient immédiatement, au
moment même du décès du *de cujus*, propriétaire de la
succession, qu'il soit saisi légalement ou non ; et pour
l'héritier légitime, « il faut se reporter aux principes
de la saisine posés par Domat et Pothier qui disent que
par l'effet seul de la loi, l'héritier saisi est fait, au moment même du décès, propriétaire de tout ce dont le
défunt était propriétaire, et possesseur de tout ce dont
il était possesseur, sans même que le successible le sa-
che (2) ».

_____

(1) Hureaux, *Droit de succession*, III, n° 203. « L'acceptation qui
vient après la saisine n'est pas le mode d'acquérir l'hérédité active déjà
acquise de plein droit ; elle a pour effet unique, sous le rapport qui
nous occupe ici de réaliser la condition de l'acquisition de l'hérédité
passive en confirmant irrévocablement l'acquisition de l'hérédité active.
Cette vérité fondamentale est démontrée à n'en pas douter par l'histoire
de la saisine coutumière. Elle résulte au surplus de la combinaison des
articles 724, 775, 777, 784 du Code civil.

(2) Hureaux, *Successions*, III, p. 257.

Quel est l'objet de la saisine? « Il s'agit de savoir comment le successible appelé à l'hérédité acquiert la possession des biens; c'est donc l'héritier le plus proche qui est seul en cause, c'est sur sa tête que la propriété repose, c'est aussi à lui que la possession est transmissible (1). »

Pour nous, l'article 724 du Code civil a été écrit pour poser ce principe que chaque héritier légitime appelé à à la succession est saisi de plein droit, en ce sens qu'à la propriété il joindra de lui-même la possession ; qu'ayant la propriété en vertu de la loi, il aura également la saisine légale lui permettant d'entrer de suite en possession de fait. Si les héritiers légitimes sont saisis de plein droit, les successeurs irréguliers ne le sont pas et doivent demander envoi en possession aux tribunaux ; c'est tout ce qu'a voulu dire le Code civil, et il n'a pas voulu du tout établir dans l'article 724 du Code comme le soutient la jurisprudence le principe de la collectivité de la saisine.

Et la Cour de cassation, dès le début, perd complètement de vue l'objet de la saisine, et c'est ainsi que nous pouvons relever ce passage dans un arrêt de la Cour de Caen du 21 février 1814 que nous avons cité plus haut : « Considérant que d'Ormond (héritier apparent), qui a *pris la saisine légale* de la succession, est *présumé, aux yeux de la loi*, avoir été véritable héritier, avoir admi-

(1) Laurent, *Principes de droit civil*, IX, n° 231.

nistré pour lui et disposé comme propriétaire (1). » Ce
passage a soulevé chez Duranton une véritable indigna-
tion, car il s'écrie : « Voilà qui est par trop fort, *prendre
la saisine légale* ! La possession de fait de bonne ou
mauvaise foi, à la bonne heure, mais la *saisine* légale
ne se prend pas, on en reçoit l'impression de la loi, et
voilà tout (2). » Et ajoutons, où voyons-nous que cet héritier soit présumé aux yeux de la loi avoir disposé
comme propriétaire ? Quel texte peut servir de base à
une telle affirmation, dans quel article la loi a-t-elle
posé une telle présomption (3) ?

(1) S. 1815.1.286.
(2) Duranton, *Droit civil*, 1, p. 501, note 4.
(3) Pour montrer avec quelle ardeur les jurisconsultes ont résisté au
système de la jurisprudence, nous pouvons citer le passage suivant em-
prunté au *Traité de Droit civil* de M. Duranton (1, p. 526) : « On n'en
croit réellement pas ses yeux quand on lit une semblable doctrine dans
l'arrêt d'une cour (Cass., 16 janvier 1843) qui est chargée plus que toute
autre encore du maintien des véritables règles de la loi ; tout ce qui en
résulte, c'est la preuve de l'impuissance où était le rédacteur de l'arrêt
de fonder la cassation sur des motifs puisés dans les vrais principes du
droit civil. Quoi ! le parent au 12e degré est saisi de la propriété actuelle des biens de la succession, par cela seul que le parent au premier
degré se trouve en pays éloigné au moment de la mort du défunt ! et
l'effet de l'art. 724 s'applique quant aux tiers, au parent qui se présente
le premier ! et l'art. 777, qui fait remonter l'effet de l'acceptation de l'héritier saisi au jour de l'ouverture de la succession, sera de la sorte mis
sous le boisseau ! Non, il n'en saurait être ainsi, ou le Code civil n'est
qu'un vain mot, un texte dont on pourra se jouer par de purs sophis-
mes... Le parent du deuxième degré, tant que celui du premier degré
n'a pas renoncé à la succession, ou n'a pas laissé prescrire ses droits,
est tout aussi étranger à l'hérédité que le persan, le turc ou le chinois,
et s'il vend les biens de la succession avant qu'elle lui soit dévolue par
l'une des causes rappelées ci-dessus, il vend incontestablement la chose
d'autrui, la chose de celui qui a accepté l'hérédité en temps utile. Or

La Cour déclare ensuite par conséquence directe que c'est l'acceptation qui investit réellement l'héritier de tous les droits, le soumet à toutes les charges de l'hérédité, et le constitue le véritable représentant du défunt.

Ce n'est pas l'acceptation de la succession qui, dans notre droit, confère le titre de propriétaire à l'héritier, c'est la loi elle-même qui, au moment du décès, fait passer sur sa tête, même s'il l'ignore, la propriété des biens héréditaires. La Cour n'a pas remarqué qu'il y a une grande différence entre le droit romain et le droit français et que si son système était fondé, la maxime le mort saisit le vif deviendrait un non-sens. « Elle a oublié que chez nous, c'est l'hérédité qui vient nous trouver tandis qu'à Rome il faut aller la trouver (1). » Pothier explique d'une façon très précise cette différence entre le droit romain et notre droit, et montre que chez nous aucune acceptation n'est nécessaire de la part de l'héritier. « Suivant le droit romain, la succession qui était déférée à un héritier, ne lui était pas acquise jusqu'à ce qu'il l'eût acceptée, à moins qu'il ne fût de ces héritiers qu'on appelle nécessaires. Au contraire, suivant notre droit français, une succession est acquise à l'héritier que la loi y appelle, dès l'instant même qu'elle lui est déférée, et avant qu'il en ait la moindre connaissance, c'est-à-dire dès l'instant de la mort natu-

la vente de la chose d'autrui en transporte-t-elle la propriété au tiers acheteur ? Le Code nous dit formellement que non. »

(1) Hureaux, *Successions*, III, n° 203.

relle ou civile du défunt qui a donné ouverture à la succession (1). »

En résumé, « jusqu'ici on croyait que la loi saisissait *de plein droit* l'héritier légitime en vertu de l'article 724 (En succession le mort saisit le vif son plus prochain héritier habile à lui succéder et est chacun saisi de son droit sans appréhension de fait) sans acceptation, sans quoi la saisine ne serait pas de plein droit; que s'il n'existe pas d'héritier nécessaire, il existe une saisine effacée seulement par la renonciation expresse qui n'agit rétroactivement qu'à l'aide d'une fiction (est censé 785, C. civ.); qu'elle ne s'attache pas à tous les parents; que jamais on n'a considéré ces parents comme cohéritiers jouissant indivisément de la saisine; qu'elle n'atteint que le plus proche, puisque les successions sont dévolues dans un ordre (art. 731), que celui-là seul est l'héritier saisi de plein droit par l'article 724 auquel la succession est déférée par l'article 731 du Code civil. Telles

(1) Pothier, *Traités des successions*, ch. 3, sect. 2.

Huc, *Commentaire du C. civ.*, p. 322. « Si le titulaire du droit de propriété meurt, son droit passe immédiatement, recta via à celui que la loi appelle à lui succéder, sans qu'un fait d'appréhension quelconque soit nécessaire de sa part. »

Hureaux, *Successions*, III, n° 203 : « La Cour suprême s'est mise à côté de la loi, lorsqu'elle a décidé pour les besoins de son système de prétendue validité des ventes faites par les héritiers apparents, que l'héritier le plus proche n'acquiert la propriété des biens de la succession qui lui est déférée que sous la condition, *sine qua non*, par lui, de faire incontinent après le décès, un acte d'acceptation. »

Tiraqueau, *Traité : Le mort saisit le vif* : Déclarat. V, § 5. « Il s'agit ci de l'un de ces cas, dans lesquels *dominium sine possessione quæritur vel traditur*. »

ont été jusqu'à ce jour, les croyances du jurisconsulte ; la cour a changé tout cela et on doit le regretter... Renverser un principe admis, c'est faire rétrograder la science ; l'autorité d'un arrêt ne la remplace pas (1) ».

Nous ne dirons rien de l'article 789 du Code civil invoqué par la jurisprudence, car ce texte est controversé et a donné lieu à de nombreux systèmes ; il fait le désespoir des commentateurs, et il faudrait, au moins, avant de le faire entrer en lice, s'entendre exactement sur sa portée et sur sa signification. Quant aux articles 136 et 811, ce sont des articles tout à fait exceptionnels et les conséquences qu'on en tire ne peuvent avoir aucune valeur. En ce qui touche l'article 136 du Code civil que nous retrouverons plus bas, l'existence de certains héritiers appelés n'est pas connue, il y a un doute qui plane, et la loi a investi dans ce cas des héritiers d'un degré plus éloigné, ou égaux en rang mais présents, pour faire cesser ce doute, et leur a donné, comme nous l'avons vu plus haut (2), la qualité d'héritiers provisoires tant que le décès de l'absent n'est pas établi et prouvé ; ce sont les mêmes raisons qui ont dicté l'article 811 du Code civil.

Tels sont les détours que la jurisprudence a pris pour baser la théorie de la validité des actes de disposition consentis par l'héritier apparent. Ne découvrant dans

_____

(1) Championnière, *Revue de législation et de jurisprudence*, Wolowsky, 1843, p. 238.
(2) Voir ci-dessus, p. 16, note 2.

la loi aucun argument en faveur de son système, elle a
invoqué l'idée que la saisine était collective, idée qu'elle
a abandonnée justement dans la suite, puisque le Code
civil, dans l'article 724, n'a fait que reproduire l'article 318 de la coutume de Paris.

Elle a compris que cet argument avait une portée
beaucoup trop grande, et qu'en l'adoptant elle devait
logiquement en tirer toutes les conséquences qui en
découlaient nécessairement, et valider tous les actes
d'aliénation, la vente de l'hérédité en bloc, les actes à
titre gratuit aussi bien que les actes à titre onéreux, ce
qui n'a jamais été admis par elle, comme nous le verrons plus bas. La Cour a compris la fragilité de cet
argument qui était trop dangereux pour servir de base
solide à sa théorie.

De plus, d'après la jurisprudence l'héritier apparent
est présumé avoir disposé, non de la chose d'autrui,
mais de sa propre chose et c'est un argument qu'elle
rattache au précédent.

Voilà une présomption nouvelle introduite par la jurisprudence dans notre législation. Sur quoi peut-elle
se baser, quel texte peut-elle invoquer pour déclarer que
l'héritier apparent est présumé avoir disposé de sa propre chose? C'est en vain que l'on recherche dans nos
lois le fondement d'une telle présomption, nulle part
nous ne la trouvons écrite, et il nous est impossible de
l'admettre. Et si la jurisprudence pose une telle présomption, elle doit en tirer toutes les conséquences qui

en dérivent directement, et de là il résultera : « que l'héritier apparent pourra vendre valablement l'hérédité tout entière ; car nous ne voyons pas pourquoi, propriétaire du détail, il ne le serait pas du bloc ; — que les tiers acquéreurs même de mauvaise foi, ne pourront être évincés ; car le vendeur étant, quant à eux, réputé propriétaire, son droit de propriété dispense d'examiner la question de bonne ou mauvaise foi de leur part ; — que les donations faites aux tiers seront valable ; car toute donation est bien venue du propriétaire, ce qui cependant n'est pas admis. Nous demanderons enfin ce que c'est que cette propriété du véritable héritier vis-à-vis de l'héritier apparent exclusivement, alors qu'elle est ainsi dépouillée du droit de suite contre les tiers, droit dont l'exercice est sa plus efficace garantie (1). »

Or jamais la jurisprudence n'est arrivée à de tels résultats et nous croyons pouvoir dire qu'elle a posé arbitrairement un principe dont elle refuse de tirer les conséquences qui doivent en découler nécessairement (2).

Aliénation de l'hérédité en bloc. — Particulièrement en ce qui touche l'aliénation de l'hérédité tout entière : la Cour de cassation aurait dû valider cette vente comme elle validait la vente des biens pris individuellement, et elle aurait dû également déclarer dans ce cas que l'héritier était réputé disposer de sa propre chose.

_____

(1) Larombière, *Obligation*, I, sur l'article 1165, n° 25.

Mais, dit la Cour de cassation, il est certain que l'héritier apparent n'a pu céder les droits qui découlent du
titre d'héritier, puisqu'il n'a pas cette qualité et que
ce n'est qu'un héritier *apparent* ; et, par suite il faut
considérer l'aliénation comme nulle et non avenue (1).
Il est certain que l'héritier apparent ne peut pas être
reconnu comme le véritable héritier, et nous sommes
d'accord sur ce point avec la Cour de cassation ; or le
titre d'héritier entraîne par lui-même le titre de propriétaire (art. 711, C. civ.), par conséquent, l'héritier apparent n'a aucun droit sur les biens de la succession.
Mais alors, comment peut-il être considéré par la Cour
comme propriétaire des biens pris individuellement?
Comment, propriétaire de chaque parcelle d'un tout,
n'est-il pas propriétaire de ce tout? Il y a là une contra-
diction dans les décisions de la Cour et elle devait en
appliquant sa théorie déclarer que l'héritier apparent
réputé propriétaire et ayant la possibilité d'aliéner valablement chaque partie de l'hérédité, pouvait par suite
aliéner l'ensemble des biens, l'hérédité en bloc. « Ainsi
celui qui achète l'ensemble de tous les biens, l'entier
est moins protégé que celui qui achète une unité de
l'entier ! S'il achète un à un, séparément, tous les biens
de l'absent, la vente est valable, s'il achète en une

(1) Voyez notamment : Cass., 26 août 1833 (S. 1833.1.737) ; Cass.,
16 juillet 1834 (S. 1834.2.443) ; Agen, 19 janvier 1842 (S. 1843.2.281) ;
Pau, 24 mars 1884 (D. 85.2.201).

seule fois l'hérédité qui les comprend tous, la vente est nulle. Cette distinction est-elle logique (1)?

Aussi, lorsque le 26 août 1833 (2), la Cour de cassation a décidé « que la vente du titre d'héritier et des droits qui en dérivent est nulle à l'égard du véritable héritier et doit être annulée sur sa demande », les jurisconsultes ont pensé qu'il y avait une réaction dans le système admis par la jurisprudence ; que la Cour de cassation revenait à la juste et saine application de nos lois ; qu'elle adoptait enfin le principe général qui devait servir de guide dans la matière. Mais leur espoir a été déçu, car dans la suite, la jurisprudence est restée fidèle au système de la validité des ventes immobilières qu'elle soutenait depuis 1815.

§ 2. — Arguments d'analogie tiré de textes exceptionnels.

2° En deuxième lieu, la jurisprudence base sa théorie sur l'analogie existant entre la situation de l'héritier apparent et celles que prévoient certains textes du Code civil.

Elle invoque : l'article 1935 qui s'occupe de la vente faite de bonne foi par l'héritier du dépositaire et aux

(1) Mourlon, *D. civil*, I p. 259, note I, : Cf. Duparc-Poullain, *Principes*, t. 8, p. 81, n° 4. « Si l'acquéreur de l'hérédité c'est-à-dire de tous les biens qui la composent peut être évincé par le véritable héritier, l'acquéreur à une partie des biens peut également l'être, la conséquence est nécessaire. »

(2) S. 1833, 1.737.

termes duquel « l'héritier du dépositaire qui a vendu de
bonne foi la chose dont il ignorait le dépôt n'est tenu
que de rendre le prix qu'il a reçu, ou de céder son action contre l'acheteur s'il n'a pas touché le prix ». Nous
pouvons facilement écarter cet article, *car* s'il y a un
texte qui doit être rapproché de l'article 1935, c'est
l'article 2279 du Code civil; il ne s'agit ici que d'un
meuble, et le dépôt évoque nécessairement l'idée de
chose mobilière ; par suite, il ne peut servir d'argument à la jurisprudence puisqu'il s'agit de la validité
de ventes immobilières.

L'article 132 du Code civil, aux termes duquel celui
qui est envoyé définitivement en possession des biens
d'un absent peut les vendre valablement, puisque cet
article n'accorde à l'absent qui reparaît que le droit d'en
réclamer le prix. — La loi a posé une exception dans
cet article, il y a déjà très longtemps que l'absent a disparu ; il y a présomption très forte de décès, et pour ne
pas laisser indéfiniment la propriété dans l'incertitude, la loi donne au possesseur capacité pour aliéner,
ce qui est tout naturel. Ce n'est pas le cas, dans notre
espèce, car l'héritier réel peut se présenter et réclamer
ses droits dans un délai très court ; nous avons même
vu que, pendant trente ans, la loi lui accordait le droit
de prendre valablement parti.

Remarquons de plus, que si la jurisprudence étend
à l'héritier apparent les dispositions de l'article 132 du
Code civil, elle doit lui appliquer toutes les conséquen-

ces qui en découlent, et par suite, valider les actes à titre gratuit aussi bien que les actes à titre onéreux, puisque les envoyés en possession définitifs ont ce pouvoir. Or, jamais la jurisprudence n'a admis une telle solution, et son argument d'analogie n'a plus aucune valeur.

L'article 136 aux termes duquel s'il s'ouvre une succession à laquelle soit appelé un individu dont l'existence n'est pas reconnue, elle sera dévolue exclusivement à ceux avec lesquels il aurait eu le droit de concourir ou à ceux qui l'auraient recueillie à son défaut. D'après la jurisprudence, les termes de cet article démontrent clairement qu'il ne s'agit pas d'une attribution provisoire ou conditionnelle, mais d'une dévolution emportant avec elle tous les droits inhérents à la propriété, portant le droit d'aliénation, qui en est l'élément essentiel. Nous avons montré plus haut quel était, à notre avis, le sens de l'article 136 du Code civil ; nous avons donné les raisons qui nous faisaient considérer l'héritier de l'article 136 comme un héritier provisoire et nous croyons inutile de rappeler ici les motifs qui nous ont fait adopter une telle solution. « L'absent n'est pas lié par des actes de pure spéculation, tels que des aliénations d'immeubles qui ne seraient commandés par aucune nécessité juridique ou morale. Quand il (l'héritier de l'article 136) a aliéné sans nécessité, il l'a fait en son nom personnel, comme héritier sous condition résolutoire. Si l'absent se représente à temps, il

y a annulation avec effet rétroactif au jour où celle-ci a
eu lieu (1) ».

L'article 1240 qui déclare que le paiement fait au
créancier apparent, au possesseur de la créance est valable. Mais cet article est encore une exception On n'est
pas libre de ne pas payer ; et de plus, l'article 1240 du
Code civil, qui vise un cas d'action personnelle, ne peut
pas être étendu aux actions réelles. L'héritier apparent
qui est en possession de l'hérédité est par là même
créancier putatif, il est titulaire apparent du droit de
créance qui dépend de la succession, et l'article 1240 déclare que le paiement fait de bonne foi, c'est-à-dire dans
la croyance que celui à qui l'on paie est véritable créancier, libérera le débiteur et sera valable. Le paiement
est en effet un acte nécessaire, et lorsque le débiteur
s'est exécuté de bonne foi, la loi a pensé qu'il était digne de protection ; elle n'a pas voulu exiger un nouveau
paiement, et c'est pourquoi elle a posé une exception.
« Si l'héritier apparent était devenu insolvable et qu'il
me fallût payer à l'héritier réel de nouveau, *quid* de
mes droits contre l'héritier apparent ? L'équité exigeait
une exception, la loi l'a établie dans l'article 1240 du
Code civil (2). »

L'article 790 qui oblige l'héritier qui revient sur sa

---

(1) Seresia, *Pétition d'hérédité*, p. 301. Cf. Pothier à propos de l'héritier bénéficiaire exclu par l'héritier pur et simple : Introd. au titre *des
Droits de succession*, § 2, n° 62.

(2) Marcadé, *Explications du droit civil*, I, p. 364.

renonciation ou qui se présente, à respecter tous les actes faits par le curateur à la succession vacante. Il n'y a aucune assimilation possible entre le curateur à succession vacante et l'héritier apparent. L'un est, en effet, le mandataire légal de l'héritier, il représente cet héritier, il le remplace en vertu de la loi, en vertu d'un texte spécial, il agit suivant certaines règles, certaines formalités introduites dans nos lois pour offrir les plus grandes garanties à l'égard de l'héritier (art. 813, 814, C. civ., 987, C. proc.) ; tout autre est la situation de l'héritier apparent, il ne représente pas l'héritier réel, bien au contraire, puisqu'il prescrit contre lui, c'est son adversaire direct ; « loin de le représenter et de le défendre, il le détruit (1) ; il en est de même pour l'article 462 du Code civil, « car celui qui revient sur une renonciation ne doit pas causer préjudice aux tiers qui se sont fiés à ce caractère définitif de la renonciation ».

Les articles 2008 et 2009 concernant les ventes faites par le mandataire des biens d'un mandant après sa mort et d'après lesquels, lorsque le mandataire ignore la mort du mandant, ou l'une des autres causes qui font cesser le mandat, ce qu'il a fait dans cette ignorance est valable : et de plus, les engagements du mandataire sont exécutés vis-à-vis des tiers de bonne foi ; l'article 1380 qui dispose que si celui qui a reçu de bonne foi (acci-

(1) Marcadé, *Explicat. du C. civ.*, I, p. 364.

piens) un immeuble ou un meuble corporel qui ne lui
était pas dû a vendu la chose, il ne doit restituer que
le prix de la vente ; ce qui indique, dit-on, que l'immeuble ne peut pas être revendiqué.

En effet, si l'on autorise le *solvens*, celui qui a payé, à
revendiquer le bien entre les mains du tiers détenteur,
on retire à l'*accipiens* de bonne foi le bénéfice de l'article 1380, car l'acquéreur agira contre lui en garantie et
en dommages-intérêts, et il devra restituer plus que le
prix de vente ; pour éviter ces inconvénients et permettre l'application de l'article 1380 du Code civil, il faut
donc écarter la revendication, c'est-à-dire valider la
vente (1). « Or la position de l'héritier apparent est as-
surément plus favorable que celle des possesseurs dont
s'occupent les articles précités (art. 2008, 2009, 1380,
C. civ.)... Pourquoi donc lui appliquerait-on rigoureu-
sement le principe qui défend la vente de la chose d'autrui, lorsque tout le monde le considérait et qu'il devait
se considérer lui-même comme légitime héritier (2). »
Si on objecte que ce sont là des exceptions qui ne peuvent être étendues, on nous répond dans le même pourvoi de 1843 : « Il faut donc tenir pour constant qu'il y a
dérogation à l'article 1599 du Code civil pour les ventes
faites par l'héritier apparent, bien qu'il n'y ait dans le
Code aucune règle spéciale, parce qu'une exception doit

---

(1) Nous retrouverons cet argument en étudiant le système de M. Jozon et le discuterons en présentant sa théorie.

(2) 2º moyen du pourvoi en cass., de Rastignac, S. 1843.1.102.

être admise toutes les fois qu'elle est commandée par la nature des choses. »

Voilà qui est contraire à tous les principes et à toutes les idées émises jusqu'ici qui sont de toutes les législations. Non contents de créer un système qui ne repose sur aucun texte du Code civil les adversaires du système de la nullité posent en principe qu'il est permis de créer des exceptions arbitraires quand ces exceptions sont commandées par la nature des choses et de les admettre comme une véritable loi. Nos anciens parlements avaient peut-être ce droit. « Ils exerçaient non seulement l'*imperium juridictionis*, mais encore l'*imperium* législatif que le chef de l'État ne leur déniait pas dans les affaires purement civiles, tandis que le Code Napoléon ne reconnaît à la magistrature même la plus élevée que le droit d'interpréter (art. 5, C. civ.) et non pas celui de légiférer (1). » Mais, il est certain que les exceptions posées dans notre Code n'ont été établies que pour créer des situations particulières, pour écarter dans un cas qui semblait digne d'intérêt au législateur l'application des principes généraux, qui, dans cette hypothèse spéciale, auraient été peut-être trop rigoureux, et que ces exceptions, ces dérogations aux principes ne peuvent être étendues à des cas analogues.

Tous les arguments d'analogie donnés par la jurisprudence ne peuvent avoir aucune influence sur la solution

(1) Hureaux, *Successions*, III, n° 206.

de la question qui nous occupe ; elle ne pouvait pas, elle n'avait pas le droit d'étendre arbitrairement les articles à notre hypothèse et de créer de toutes pièces une exception non prévue par la loi ; et si elle l'a fait c'est en renversant les principes admis, en faisant abstraction complète d'une règle bien connue qu'elle a mise volontairement de côté, *Exceptiones strictissimi juris sunt*, règle qu'elle applique cependant assez souvent, et quelquefois même avec une rigueur toute particulière, pour en connaître exactement le sens et la portée.

§ 3. — Argument tiré de la bonne foi et de l'erreur commune.

3° La jurisprudence donne encore un argument basé sur la bonne foi du tiers acquéreur et l'erreur commune.

Nous avons vu qu'avant 1843, il y avait dans la jurisprudence une divergence entre les cours admettant le système de la validité ; suivant certains arrêts il suffisait que le tiers acquéreur fût de bonne foi, suivant d'autres il fallait, outre la bonne foi du tiers acquéreur, celle du vendeur, de l'héritier apparent. Nous avons vu qu'à partir de 1843, la jurisprudence exige seulement la bonne foi du tiers acquéreur qui a traité sous l'influence de l'erreur commune, en faisant abstraction de la bonne ou de la mauvaise foi du vendeur. Nous allons d'abord étudier ce point qui pour nous est le plus important, puis nous dirons quelques mots du système suivi par les arrêts qui exigeaient la bonne foi des deux parties, car la critique de ce système se rattache étroitement à celle que nous ferons en premier lieu.

La jurisprudence déclare que la vente sera validée lorsque l'acquéreur aura traité de bonne foi sous l'influence de l'erreur commune, peu importe la bonne ou mauvaise foi du vendeur.

Il y a, dit-on tout d'abord, une erreur sur la qualité du vendeur, une erreur que tout le monde partageait et qu'il était assez malaisé de découvrir ; l'héritier apparent passait pour héritier réel aux yeux de tous, peut-être même à ses propres yeux ; l'acquéreur le croyait héritier véritable et a pensé traiter avec lui en toute sécurité et sans crainte d'aucun recours ; il était de bonne foi quand il a acquis l'immeuble faisant partie de la succession, il n'a aucun reproche à s'adresser, sa situation est très digne d'intérêt, il faut la protéger. On invoque un certain nombre d'articles, que l'on veut étendre à notre hypothèse, et où la bonne foi a été protégée d'une façon toute spéciale (art. 1240, 1380, 2009 C. civ.). « Une jurisprudence constante valide aussi (à propos de l'art. 1240) aujourd'hui les ventes faites par un héritier apparent. Cette solution dictée surtout par le désir de ne pas jeter le trouble dans les transactions privées, peut, au besoin, se justifier par la faveur due à la bonne foi appuyée sur l'erreur commune (1). »

(1) Valabrègue, *Error communis facit jus.* R. C., 1890, p. 43.

Nous avons déjà écarté les articles invoqués par la jurisprudence, articles exceptionnels qu'elle veut arbitrairement étendre au cas de l'héritier apparent et nous pensons qu'il est inutile d'y revenir.

Quant à la maxime : *Error communis facit jus*, elle n'est pas applicable à notre hypothèse, et pour s'en rendre compte, il n'y a qu'à consulter l'avis du Conseil d'État du 2 juillet 1807 qui déclare que la maxime ne concerne que les actes dressés par des officiers publics ou émanés d'une autorité publique (1) ; l'origine même de cette maxime en est la meilleure preuve. En effet, cette règle a été introduite dans le droit romain dans des circonstances tout à fait particulières. Barbarius Philippus, esclave échappé, était arrivé à se faire nommer préteur, et quand on découvrit plus tard sa qualité, on se demanda quelle serait la valeur des actes publics qu'il avait faits. Fallait-il les annuler comme accomplis par un esclave? On admit que ces actes devaient être maintenus, car il y aurait eu une trop grande perturbation causée par leur annulation et l'on décida que pour ces actes : *error communis facit jus*. Ce n'est donc qu'en matière d'actes publics que cette formule est applicable (D. liv. 1, tit. 14, fr. 3. Ulpien). Et d'ailleurs, sauf dans des cas tout à fait exceptionnels, comme ceux où l'on applique cette maxime, « une erreur ne

(1) Voyez également : Loi du 6 janvier 1872, relative à la réorganisation des actes de l'état civil dans les départements.

peut jamais devenir la vérité quoiqu'elle soit répétée par plusieurs bouches (1).

Quant à la bonne foi du tiers acquéreur, elle ne peut pas servir seule de fondement à un droit de propriété, et elle ne suffit pas pour faire acquérir immédiatement la propriété d'un bien vendu par celui qui n'en est pas propriétaire, et pour transmettre de suite un droit parfait et irrévocable que ne possède pas le vendeur. « Y aurait-il par hasard deux espèces de bonne foi, l'une qui assure immédiatement la propriété à l'acquéreur, l'autre qui, outre ce titre, exige une possession de 10 à 20 ans ? Nous ne demanderons pas où est le texte qui fait cette distinction ; nous demanderons quelles seraient les raisons qui le justifient. Est-ce l'intérêt des tiers, l'intérêt général ? Nous répondrons que l'intérêt général exige avant tout que la propriété soit respectée (2). »

La bonne foi a été protégée par nos lois ; on a pensé que certains avantages, certains bénéfices devaient être accordés à ceux qui avaient acquis de bonne foi une

___

(1) Troplong, *Privilèges et hypothèques,* II, n° 468.
(2) Laurent, *Principes de droit civil,* IX, n° 562. Voyez également : Hureaux, *Successions,* III, n° 201. « Est-ce que la bonne foi a jamais été dans notre législation rangée parmi les manières d'acquérir ?... N'est-il pas évident que, dans ce système du Code Napoléon, je ne suis pas propriétaire de l'immeuble que j'habite quelque juste que soit mon titre, et quelqu'éclatante que soit ma bonne foi quand l'article 2265 me reconnaît seulement la possibilité de le devenir par une possession de 10 à 20 ans ? A quoi servirait cette disposition législative, si l'acquisition faite en bonne foi, *a non domino,* me rendait à elle seule propriétaire ? »

chose sur laquelle le vendeur n'avait aucun droit, et c'est pourquoi la loi a attaché à la bonne foi des effets déterminés : d'un côté, dans l'article 549 du Code civil, elle permet au possesseur ayant cette qualité d'acquérir les fruits tant que dure sa possession ; d'un autre côté, elle abrège le délai de la prescription et admet en sa faveur une prescription de 10 à 20 ans dans l'article 2265 du Code. Voilà les effets que la loi attache à la possession de bonne foi ; elle ne pouvait pas faire plus sans porter une grave atteinte au droit de propriété ; et c'est pourquoi, dans sa sagesse, tout en reconnaissant certains avantages au possesseur de bonne foi, elle n'a pas voulu décider qu'une telle qualité suffirait pour faire acquérir de suite la propriété (1). C'eût été un système beaucoup trop dangereux et portant une atteinte trop directe et trop grave au droit de propriété, et cependant la jurisprudence n'a pas craint de l'adopter. Et en effet « il ne suffit pas de croire en âme et conscience qu'on acquiert d'un propriétaire légitime pour être soi-même propriétaire. La propriété n'est pas une question de bonne foi. Que de textes déclarent le tiers acquéreur passible d'éviction malgré sa bonne foi. Voyez : art. 137, 930, 1599, 2182, 2125 du Code civil et 717 du Code de

---

(1) Toullier, S. 1815.2.276, note : « La loi a fait tout ce que la justice permet de faire en faveur de la bonne foi en couvrant l'acquéreur de l'égide de la prescription de 10 ans. Le juge qui fait plus excède ses pouvoirs. Les rédacteurs du projet du Code avaient raison de rappeler dans les préliminaires cette maxime, « que les exceptions qui ne sont point dans la loi ne peuvent pas être suppléées ».

procédure civile. Ils sont tous fondés sur cette pensée que la bonne foi ne suffit pas pour transférer un droit de propriété, bien qu'elle suffise pour attribuer les fruits au possesseur (1) ».

En résumé, nous pensons que la bonne foi du tiers acquéreur est protégée tout spécialement dans les articles 549 et 2265 du Code civil ; qu'il ne peut y avoir deux espèces de bonne foi et que celle de l'acquéreur, dans notre hypothèse, ne pourra avoir d'autre effet que de permettre l'application de ces articles, mais qu'elle ne suffit pas, comme le soutient la jurisprudence, pour lui faire acquérir immédiatement et irrévocablement la propriété de l'immeuble vendu.

La jonction de la bonne foi du vendeur à celle du tiers acquéreur suffira-t-elle pour qu'on puisse valider la vente comme l'ont déclaré certains arrêts ? Nous ne le croyons pas davantage. « L'opinion, le préjugé, de quelque bonne foi qu'ils soient soutenus, ne deviennent pas un titre de propriété (2). » Ce système a d'ailleurs soulevé de très vives protestations, car il est certain que le vendeur n'a aucun droit sur la chose transmise, et que sa bonne foi même jointe à celle de l'acquéreur ne peut lui donner un droit qui lui fait dé-

---

(1) Larombière, *Obligations*, I, sur 1165, n° 25.

(2) Cochin, *Plaidoiries*, 139° cause, Pr. Mlle Ferrand. V. également ce passage : « quand l'héritier apparent vend un bien de la succession, il ne transfère pas à l'acquéreur une propriété incommutable. Il peut lui fournir un juste titre au moyen duquel l'acquéreur, étant de bonne foi, puisse prescrire par 10 à 20 ans. »

faut, et qu'il ne peut pas procurer à ce dernier un droit que sa bonne foi ne suffit pas pour créer ; que le vendeur soit de bonne foi, son seul droit sera d'invoquer en cas de revendication, les articles 569 et 2265 ; mais il ne pourra, malgré sa bonne foi, transférer à autrui plus de droit qu'il n'en a lui-même sur la chose ; or, dans l'espèce, il n'a aucun droit puisque cette chose ne lui appartient pas.

C'est pourquoi la jurisprudence comprenant combien était fragile cet argument de la bonne foi du vendeur l'a depuis longtemps abandonné et n'exige plus que la bonne foi de l'acquéreur, système également peu soutenable, comme nous venons de le voir.

§ 4. — Arguments tirés de l'intérêt public.

Enfin la jurisprudence invoque l'intérêt public et la libre circulation des biens.

Il y a certainement un grand intérêt à ce que les biens circulent librement ; c'est là un principe d'économie politique admis par tous. Que les biens passent de mains en mains, qu'ils circulent facilement, et la richesse d'un pays ne pourra que s'augmenter ; que ce soit là l'intérêt public, on ne peut refuser de le reconnaître ; mais « en quoi l'ordre public peut-il être troublé quand un contrat d'acquêt passé entre deux particuliers est annulé ou rescindé ? Certes une pareille question est une affaire d'intérêt privé qui ne peut intéresser que deux particuliers, tout au plus deux familles et non pas le public (1). »

Et quand bien même la libre circulation des biens serait entravée dans un cas tout particulier, est-ce là une bien grave atteinte portée au principe? Et, de plus, nous devons nous demander si ce principe ne doit pas céder le pas et s'effacer devant un droit beaucoup plus puissant, protégé avec un soin jaloux par nos lois, devant le droit de propriété? Le droit de propriété est le fondement de toute législation, il a de tous temps été reconnu et protégé d'une façon spéciale, c'est sur le respect de ce droit que reposent la famille et la société. C'est le droit le plus fort et le plus puissant que nos lois admettent, et, du jour où il ne sera plus reconnu, l'édifice social s'écroulera rapidement. Mais nous pouvons remarquer que la loi a veillé au maintien de l'intérêt général et a reconnu que, dans certains cas exceptionnels, le droit de propriété pouvait être détruit; l'article 712 du Code civil nous déclare que la propriété peut s'acquérir par prescription et l'article 2262 développe cette idée (2). Mais tant que la prescription n'aura pas été acquise, nous croyons que le droit de propriété doit être maintenu; la loi, en accordant la faculté d'acquérir par prescription un immeuble, n'a posé qu'une exception basée sur une négligence présumée du propriétaire et aussi sur l'intérêt général qui exige que les biens ne

(1) Toullier, S. 1815.2.276, note.
(2) V. également article 545 du Code civil et loi du 3 mai 1841.

restent pas indéfiniment hors du commerce. En dehors
de ce cas spécial, la loi protège d'une façon toute particulière le droit de propriété qu'elle considère comme le
droit fondamental et le plus essentiel de la société, et
les nombreuses garanties dont elle l'entoure prouvent
qu'elle le regarde comme un des droits les plus dignes
de respect : « La balance doit pencher du côté de celui
qui invoque le droit sacré de la propriété (1). »

Si les rédacteurs du Code civil avaient pensé que les
aliénations consenties par l'héritier apparent dussent
être protégées d'une façon spéciale ; s'ils avaient cru
que le principe de la libre circulation dût l'emporter ;
certainement, ils auraient prévu ce cas dans un article
du Code, comme ils l'ont fait dans bien d'autres hypothèses qui leur semblaient dignes d'intérêt. Mais ils ont
voulu s'en rapporter aux principes généraux, et ils ont
pensé que l'ordre public, la libre circulation des biens
n'étaient pas suffisamment menacés par l'application
des principes devant lesquels ils devaient fléchir, sinon
ils auraient certainement établi une exception. « Nous
ne méconnaissons pas la valeur sociale et économique
des arguments d'ordre public et d'intérêt général qu'invoque la Cour suprême. Ils prouvent qu'une exception
aux principes pourrait être établie par le législateur
en faveur de l'héritier apparent, mais ils ne donnent
pas le droit aux magistrats de faire la loi par voie de
jurisprudence (2). »

(1) Toullier, S. 1815.2.276, note.
(2) Pascaud, R. C., 1881, p. 103.

Enfin la jurisprudence dit qu'il est contraire à la justice et à l'équité de dépouiller l'acquéreur de bonne foi de l'immeuble acquis par lui de l'héritier apparent.

C'est évidemment une conséquence grave du système de la nullité ; mais ce tiers acquéreur aura-t-il bien pris tous les renseignements qui devaient le fixer sur la validité du droit du vendeur ; n'a-t-il pas vu des titres qui auraient dû attirer son attention et exciter sa défiance ? N'a-t-il pas quelque faute, ou tout au moins quelque négligence à se reprocher (1) ? Et quand bien même il aurait pris tous ces renseignements, sa situation est-elle préférable à celle de l'héritier réel, du véritable propriétaire (2) ? Il y a en présence deux intérêts bien distincts, et nous croyons que le droit « sacré » de la propriété doit dans notre hypothèse l'emporter sur l'intérêt général représenté par le tiers acquéreur ; l'équité doit s'abaisser devant la loi qui protège d'une façon toute particulière le droit de propriété. « Il ne faut pas mettre sa raison et son équité au-dessus du droit. La loi tant qu'elle existe doit être observée. Il ne peut pas y

---

(1) Duvergier, *Droit civil français*, IV, p. 20 : « Avant de le faire (d'acquérir) ils pouvaient, ils devaient s'assurer que leur vendeur était propriétaire légitime et incommutable. S'ils ont négligé de s'en assurer, s'ils ont trop légèrement suivi la foi de leur auteur, ils ne peuvent n'imputer qu'à eux-mêmes la perte qu'ils éprouvent par la réintégration du vrai propriétaire dans tous ses droits. »

(2) Marcadé, *Explications du Code civil*, I, p. 363 : « Même sans faute, pourquoi la perte serait-elle plutôt supportée par l'acquéreur que par le propriétaire. Le propriétaire n'a pas pu empêcher une aliénation dont il ne connaissait pas le projet, tandis que l'acheteur a fort bien pu ne pas acheter. La position du propriétaire est plus favorable. »

avoir pour le juge d'équité plus respectable, de raison plus forte que l'équité ou la raison de la loi (1). »

Nous voyons donc combien les arguments de la jurisprudence sont fragiles. On reconnaît facilement l'inanité du système qu'elle soutient si l'on examine avec quelque attention les bases qu'elle donne à sa théorie. Nous avons vu qu'elle s'efforce de tourner les textes précis du Code civil, et qu'elle écarte les principes généraux, pour arriver à justifier son système. Que la loi soit dure, c'est possible, c'est un reproche que l'on peut adresser au législateur, mais les tribunaux ne peuvent que l'appliquer et n'ont pas le droit de légiférer (2). La Cour suprême ne peut pas sortir du rôle qui lui a été assigné, elle doit appliquer la loi et en faire respecter les termes : « Il (le tribunal de cassation) annulera toutes procédures dans lesquelles les formes auront été violées, et tout jugement qui contiendra une contravention expresse aux termes de la loi (3). »

(1) Mourlon, *Droit civil*, I, p. 259, note 1.

(2) Hureaux, *Succession*, III, n° 206, p. 261. — « Il est possible sans doute que le pouvoir législatif sanctionne un jour les idées de la Cour en cette matière. Il est même certain que son opinion sera mise dans la balance, lorsqu'il s'agira de réviser le Code Napoléon. Mais en ce moment nous faisons de l'interprétation et c'est uniquement à ce point de vue que nous combattons *pro aris et focis*. A nos yeux le foyer domestique vaudra toujours pour le moins un tiers acquéreur que rien n'aura contraint à acheter la chose héréditaire d'un héritier apparent, et nous savons que la Cour qui nous conduit tous le plus souvent dans les voies de la justice, n'hésite pas à revenir à la vérité quand ses disciples lui signalent une erreur : ce qui nous assure sur l'avenir du système que nous défendons contre elle-même. »

(3) Loi 27 novembre-1er décembre 1790, art. 3.

Or nous avons essayé de montrer que, dans les arguments qu'elle donne, la Cour de cassation déforme l'esprit et les termes du Code ; qu'elle veut étendre des exceptions à des cas non prévus par la loi, et qu'elle écarte les textes généraux les plus importants de notre législation (p. art. 1599, 2182) qui, dans l'espèce, devaient au contraire lui servir de guide.

Nous allons voir que, dans un pays voisin du nôtre, la jurisprudence adopte le système de la nullité des actes de disposition de l'héritier apparent, et n'est pas comme la nôtre arrêtée par des considérations d'intérêt public.

CHAPITRE IV

DIFFÉRENCE ENTRE LA JURISPRUDENCE FRANÇAISE
ET LA JURISPRUDENCE BELGE.

S'il y a un pays qui est bien semblable au nôtre par les mœurs, les coutumes, c'est sans contredit la Belgique ; les lois sont d'ailleurs identiques et, par suite, nous devons trouver dans les deux pays une communauté d'idées, une déduction des principes juridiques qui seront sensiblement les mêmes. Cependant si, pour la question spéciale qui nous occupe, nous interrogeons la jurisprudence belge, nous trouvons une divergence absolue avec la jurisprudence française. La Cour de cassation belge a posé, ou pour mieux dire, reconnu, le principe de la nullité des actes de disposition consentis par l'héritier apparent même à un tiers de bonne foi, qui a traité sous l'influence de l'erreur commune. La jurisprudence belge est depuis longtemps fixée dans ce sens, et jamais elle ne s'est départie du système fort juridique qu'elle soutient (1).

(1) V. notamment, Mons, 21 janvier 1825, *Pand. belges, Encyc.*, Vº *Hérit. apparent* ; Bruxelles, 10 février 1830, Pas. 1830.2.39 ; Gand, 12 mai 1843, Pas. 1844.2.40 ; Cass., 7 janvier 1847, Pas. 1847.1.294 ; Nivelles, 18 décembre 1872 et Bruxelles, 3 février 1877, Pas. 1878.1.12 ; Cass., 5 juillet 1878, Pas. 1878.1.304 ; Bruxelles, 17 novembre 1881, Pas. 1883 1.314.

Pourquoi cette différence ? Comment expliquer cette divergence dans les décisions de deux cours qui ont pour guide les mêmes lois ? La réponse est peu commode, car, à proprement parler, il n'y a pas de critérium qui puisse nous guider et nous aider à trancher la question.

Quelles sont donc, dans les arrêts belges. les idées maîtresses qui les guident vers le système de la nullité ? — Remarquons d'abord que si la jurisprudence belge invoque la saisine, elle l'a fait en suivant les principes admis généralement, elle a repoussé la saisine collective pour reconnaître la saisine individuelle, résultat auquel la Cour de cassation française a été, comme nous l'avons vu, obligée d'arriver depuis quelque temps. Quant aux motifs spéciaux, la jurisprudence belge décide : que la bonne foi ne peut couvrir le vice d'un titre ; que la vente émane d'un non-propriétaire ; que les articles 1599 et 2182 sont formels ; qu'il n'y a pas d'exception posée en faveur de la question et qu'il faut appliquer ces principes ; enfin que le tiers acquéreur n'était pas contraint d'acheter et qu'il doit s'imputer de n'avoir pas connu les droits et la qualité de celui avec lequel il contractait. Quant aux motifs généraux, qui, d'après la Cour de cassation française, semblent si importants, elle décide « que des raisons d'équité le plus souvent fort contestables et toujours livrées à l'appréciation arbitraire des tribunaux ne peuvent prévaloir contre la disposition de la loi ; que l'ordre et l'intérêt

publics réclament la juste appréciation des principes et
le maintien de la propriété » (1).

(1) Pour bien montrer quels sont les arguments donnés par la jurisprudence belge, nous croyons devoir rapporter un arrêt de la Cour de
cassation belge du 7 janvier 1847 (Pas. 1847.1.294) fort bien rédigé.
(Il s'agissait d'une vente faite par un légataire universel dont le legs
avait été ultérieurement déclaré nul.) — « .... Attendu en droit que
l'article 2182 du Code civil dispose que le vendeur ne transmet à l'acquéreur que la propriété et les droits qu'il avait lui-même sur la chose
vendue ; — que, d'après l'article 1596 du même Code, la vente de la
chose d'autrui est nulle ; — Attendu qu'aucune des dispositions de loi
citées à l'appui du pourvoi n'établit d'exception en ce qui concerne les
ventes faites par un héritier putatif ou apparent ; — Attendu que les
parents au degré successible ne sont appelés à la succession que dans
l'ordre réglé par la loi ; que le plus proche exclut le plus éloigné, et se
trouve seul saisi en vertu de l'article 724 du Code civil ; — que cet
article n'a fait que reproduire le principe que consacraient les coutumes
de Paris et d'Orléans : le mort saisit le vif, son hoir plus proche, habile
à lui succéder ; — Attendu que l'article 1006, en déférant la saisine au
légataire universel, suppose incontestablement que ce légataire a été
institué en vertu d'un testament valable ; — Attendu qu'attribuer la
saisine au parent qui n'est pas appelé dans l'ordre de la loi ou au légataire universel dont l'institution est entachée de nullité, par cela seul
qu'ils se sont mis en possession de l'hérédité, c'est confondre le fait
avec le droit et donner à la seule possession les effets que la loi n'a voulu
attacher qu'au titre ; — attendu que la loi définit clairement la saisine
en disant, article 724, que les héritiers légitimes sont saisis de plein
droit des biens, droits et actions du défunt, sous l'obligation d'acquitter
toutes les charges de la succession ; — attendu que les effets de la saisine sont indépendants de l'acceptation, et subsistent aussi longtemps
que le parent le plus proche n'a pas renoncé ; que s'il renonce, il est
réputé n'avoir jamais été saisi, et que, sous ce rapport, il est exact de
dire que, d'après le Code civil, il n'y a pas d'héritier nécessaire ; —
attendu que s'il pouvait être vrai, autant qu'il ne l'est pas, que l'acceptation fût nécessaire pour investir le parent le plus proche de la propriété des biens qui composent la succession, le système du pourvoi
ne serait pas mieux établi ; qu'en effet, l'article 777 du Code civil dispose
que l'effet de l'acceptation remonte au jour de l'ouverture de la succession ; — que dès lors, par la fiction de la loi, l'héritier qui accepte est
réputé avoir toujours été héritier et avoir toujours eu la propriété des

Nous voyons donc la grande différence qui existe entre les motifs des arrêts des deux Cours de cassation ; nous constatons que la Cour de cassation française place

biens héréditaires, et que, par une conséquence nécessaire, cette propriété n'a pu reposer un seul instant sur la tête du parent plus éloigné ou du légataire universel dont le titre est nul, bien que, de fait, ce parent ou ce légataire se soient mis en possession de l'hérédité ;

Attendu que, si les ventes de meubles que consent l'héritier putatif sont protégées par la maxime : qu'en fait de meubles la possession vaut titre, que si les paiements qu'il a faits ou reçus de bonne foi, doivent être tenus pour valables, que s'il peut exercer les actions de l'hérédité ou répondre à celles que des tiers intentent contre elle, que si enfin, l'héritier véritable est obligé de respecter tous les actes qui résultent des rapports forcés entre l'héritier putatif et les tiers, les mêmes raisons ne peuvent s'appliquer aux ventes d'immeubles ; que le tiers, qui n'était pas contraint d'acheter, doit s'imputer de n'avoir pas connu les droits et la qualité de celui avec lequel il contractait ; — attendu que la bonne foi de l'acquéreur ne peut couvrir les vices de son titre, que celui qui acquiert de bonne foi de l'héritier putatif ne se trouve pas dans une position plus favorable que celui qui acquiert de tout autre possesseur ;

Attendu que l'article 1696 du Code civil prouve que le législateur n'a pas voulu placer les aliénations faites par l'héritier putatif en dehors des principes généraux de la vente ; ·- qu'en effet, cet article, en reconnaissant que celui qui vend une hérédité est passible de la garantie envers l'acquéreur, admet nécessairement, et comme principe absolu, que l'acquéreur d'une hérédité ne peut être évincé par le véritable héritier ; — que vainement l'on prétendrait que cet article se borne à consacrer la distinction que faisaient quelques interprètes du droit romain entre la vente de l'hérédité tout entière et la vente de choses particulières de l'hérédité ; — que si les auteurs du Code avaient été préoccupés de cette distinction et avaient voulu l'admettre, ils s'en seraient clairement expliqués ; — que l'objection est repoussée d'ailleurs, par le contexte même de l'article 1696, qui ne décrète pas, mais suppose, d'une manière générale, le principe de la garantie, et qui a seulement pour but d'en limiter les effets, lorsque le vendeur de l'hérédité n'a pas spécifié les objets qui la composent ;

Attendu que le véritable esprit du Code sur cette matière se révèle encore dans les articles 136 et 137 au titre des absents ; — que lorsqu'il s'ouvre une succession à laquelle est appelé un individu dont l'existence n'est pas reconnue, le premier de ces articles déclare que la sucl'intérêt général au-dessus du droit de propriété qu'elle sacrifie sans y être autorisée par un texte ; tandis qu'au contraire, la Cour de cassation belge fait prévaloir le

cession est exclusivement dévolue à celui avec lequel il aurait eu le droit de concourir, ou à ceux qui l'auraient recueillie à son défaut, et que, cependant, l'article 137 réserve à l'absent son action en pétition d'hérédité et ses autres droits, disposition qui emporte avec elle le droit de faire annuler les ventes d'immeubles qui auraient été consenties par ceux-là mêmes que la loi appelle à recueillir la succession ; — que ce même article ajoute que les actions et droits de l'absent ne s'éteindront que par la prescription ; — Attendu qu'on ne peut admettre avec les demandeurs que l'héritier putatif doive être assimilé au curateur à la succession vacante ; que le curateur représente véritablement la succession ; — que la loi elle-même l'autorise à vendre les immeubles, en prenant, toutefois, les mesures nécessaires pour la conservation des droits aux héritiers ; — qu'aussi l'article 790 oblige ces derniers à maintenir les actes valablement faits avec le curateur ; — Attendu que les demandeurs ne sont pas mieux fondés à s'appuyer des articles 1935, 2008 et 2009 du Code civil ; que l'héritier putatif qui agit en son propre nom, ne peut être considéré comme le dépositaire, le mandataire ou le *negotiorum gestor* du véritable héritier ; — Attendu qu'en présence des dispositions claires et précises du Code civil, il est inutile de rechercher quels pouvaient être les principes du droit romain sur cette matière ; qu'il suffit au reste de remarquer : — 1° Que la loi 25 § 17 D. *De heredit. pet.*, qui sert de base aux arguments des demandeurs, est obscure dans son texte, et a fait l'objet d'une foule d'interprétations diverses ; — 2° Que cette loi, en l'interprétant dans le sens le plus favorable au système des demandeurs, repose sur un principe qui n'est pas admis sous le Code civil, à savoir que l'héritier putatif n'est passible de l'action en pétition d'hérédité que pour autant qu'il se soit enrichi, et que c'est uniquement à la faveur de ce principe qu'Ulpien accorde à l'acquéreur l'exception *ex personâ venditoris*, lorsque l'héritier putatif a consommé le prix sans s'être enrichi ; — Attendu que la jurisprudence des parlements de France, vantée par le pourvoi, n'est pas constante, et qu'elle serait d'ailleurs inconciliable avec les principes reçus dans le droit coutumier en matière de succession, principes qui ont passé dans le Code civil ;

Qu'en vain l'on fait appel à des raisons d'ordre et d'intérêt publics et à des considérations d'équité ; — que l'ordre et l'intérêt publics réclament

droit de propriété qu'elle ne peut pas détruire sans texte spécial ; que l'une écarte les principes généraux, tandis que l'autre les applique strictement ; et il est curieux de remarquer cette différence qui existe dans deux pays qui ont la même législation (1). Le point de départ, le motif direct de cette divergence ne se dessine pas nettement ; on peut constater simplement, que la Cour de cassation française se décide beaucoup plus d'après les circonstances de fait, tandis que la Cour de cassation belge s'adresse davantage au droit ; la première se base bien sur les faits puisqu'elle exige certaines conditions. que nous avons vues, de la part du tiers acquéreur (2). La Cour belge, au contraire, se place exclusivement au

le maintien et la rigoureuse application des principes conservateurs du droit de propriété ; — que des raisons d'équité, le plus souvent fort contestables, et toujours livrées à l'appréciation arbitraire des tribunaux ne peuvent prévaloir contre la disposition ou la loi ; — Attendu que de tout ce qui précède, il résulte que l'arrêt attaqué en annulant la vente consentie a fait une juste application des articles 2182 et 1599 du Code civil et n'a contrevenu à aucun des articles cités à l'appui de ce moyen ; — Rejette.

(1) Laurent, *Principes du droit civil*, t. 9, nº 565 : « Les hommes d'affaires le veulent ainsi ! (dit Demolombe). Mais les hommes d'affaires ne veulent pas partout la même chose. En Belgique, ils disent que l'héritier apparent ne peut pas aliéner ce qui ne lui appartient pas ; en France, ils pensent que l'héritier apparent est propriétaire de ce qui appartient à l'héritier véritable. Vérité d'un côté de la frontière ; erreur au delà ! et cela dans deux pays gouvernés par la même législation. Voilà le droit quand il s'accommode avec la pratique ! Pascal s'est moqué d'un droit qui varie d'après les frontières ; qu'aurait-il dit d'un droit qui change selon le sentiment des avocats et des notaires ? »

(2) Voyez spécialement : Cass., 16 janvier 1843 ; de Rastignac (S. 43. 1.97).

D. — 7

point de vue du droit ; peu importe la bonne foi du tiers acquéreur, peu importe qu'il ait traité sous l'influence de l'erreur commune ; peu importe qu'il ait acquis en vertu d'un titre quelconque ; a-t-il ou n'a-t-il pas acquis la chose d'autrui, y a-t-il un texte spécial qui déroge aux principes généraux et qui permette exceptionnellement de valider la vente de la chose d'autrui ? Remarquons qu'elle reste dans son rôle, qui est de faire respecter la loi, ce qu'oublie dans l'espèce notre Cour suprême ; qu'en effet, la Cour de cassation a pour objet de créer une unité de jurisprudence basée sur la juste et véritable interprétation des textes. La loi a-t-elle été appliquée strictement, les textes du Code civil ont-ils été justement interprétés, n'y a-t-il pas de vice de procédure ? voilà ce qu'elle doit se demander, ce qui doit servir de base à sa conduite, et c'est à ces conditions seules qu'elle restera dans son rôle.

TROISIÈME PARTIE

CHAPITRE V

AUTEURS ADMETTANT LA VALIDITÉ.

Un certain nombre d'auteurs ont adopté le système de la validité ; c'est la minorité, il faut bien le reconnaître si l'on est impartial, et ils se sont laissé séduire par la solution donnée par la jurisprudence ; mais il faut remarquer que, tout en adoptant les conséquences du système qu'elle soutenait, tout en reconnaissant comme elle la validité, ils ont essayé de donner à ce système des bases beaucoup plus juridiques. Ils se sont efforcés de consolider les décisions de la Cour de cassation et ont émis des idées, d'ailleurs très originales, mais qui ne peuvent résister bien longtemps aux objections soulevées par les auteurs qui, prenant la loi telle qu'elle est, l'appliquant avec impartialité et sans parti pris, sont arrivés par la déduction nécessaire des textes à considérer les actes de disposition consentis par l'héritier apparent comme nuls et sans aucune valeur juridique.

Système de Merlin.

Un des premiers auteurs qui ont adopté le système de la validité, après le Code civil, est Merlin. Il se base principalement sur le droit romain, et reprend les idées de Furgole qui admet la même théorie (1). Merlin était fortement attaché aux idées romaines ; son opinion était prédominante à la Cour de cassation quand il y fut procureur général, et la Cour adoptait facilement les conclusions de ce « nouveau Papinien », comme on l'appelait alors. Son système est exposé dans les questions de droit publiées en 1819 (2). Merlin, comme base de sa théorie, invoque un texte du Digeste que nous avons déjà cité (D. liv. 5, tit. 3, fr. 25, § 17, Ulpien).

Merlin commence d'abord par se demander quel doit être le sort d'une vente immobilière consentie par l'héritier apparent et admet en principe la nullité de la vente en ces termes : « On dira, sans doute pour la négative que rien ne forçait les acquéreurs d'acheter les immeubles mis en vente par l'héritier apparent ; que rien ne peut donc neutraliser à leur égard, ni le prin-

---

(1) Furgole, *Traité des testaments,* IV, ch. 10, sect. 2, n° 100. « Il semble qu'on doive annuler l'aliénation parce qu'il n'y a que le propriétaire incommutable qui puisse aliéner irrévocablement. Cependant il faut décider que le vrai héritier qui demande une hérédité au possesseur de bonne foi, ne peut prétendre que le prix de la chose aliénée dont il a profité, sans pouvoir évincer l'acheteur, lorsque celui-ci a une *action de garantie* contre le vendeur ; mais il faut la bonne foi du possesseur de l'hérédité, sinon l'héritier réel peut revendiquer à moins qu'il n'y ait juste cause. » Ce traité des testaments de Furgole est de 1745.

(2) Merlin, *Questions de droit,* V° *Héritier,* p. 393.

cipe que l'héritier légitime est saisi de pleindro it, ni
le principe que l'acceptation qu'il fait de sa qualité, ré-
troagit en sa faveur jusqu'au moment où la succession
s'est ouverte, et qu'il ne peut, par conséquent, y avoir
alors aucune raison pour ne pas conclure de ces deux
principes, que le possesseur de l'hérédité a vendu la
chose d'autrui et qu'il y a lieu à la revendication de la
part du véritable héritier. C'est ainsi, en effet, que la
question *doit être résolue en thèse générale* et tout le
monde est d'accord là-dessus (1). »

Ainsi, Merlin admet donc, en principe, la nullité de
l'aliénation consentie par l'héritier apparent, puis il se
demande s'il n'y a pas une exception, et si le droit romain ne peut servir à trancher la question dans un
autre sens. Il examine alors la portée du texte du Digeste que nous avons cité (2).

(1) Merlin, *Questions de droit,* V° *Héritier,* § III. — On peut rapprocher
cette citation d'un passage du même auteur : *Questions de droit,* V° *Résolution,* § I, p. 224. « On doit regarder comme une vérité démontrée,
que, quand la résolution du droit d'un possesseur résulte directement
et immédiatement de sa volonté, elle laisse subsister les hypothèques et
autres charges créées par le possesseur ; mais qu'elle les *anéantit absolument quand elle n'est que l'ouvrage indirect* et éloigné de sa volonté. »
C'est bien là le cas de l'héritier apparent ; nous voyons donc le principe
admis par Merlin, principe auquel il apporte une exception pour notre
hypothèse.

(2) D. liv. 5, tit. 3, fr. 25, § 17 : « Item si rem distraxit bonæ fidei possessor, nec pretio factus sit locupletior, an singula res, si nondum usu-
capta sint, vindicare petitor ab emptore possit ? et si vindicet, an exceptione non repellatur, quod prejudicium hereditati non fiat inter actorem
et eum qui venum dedit : quia non videtur venire in petitionem hereditatis pretium earum : quamquam victi emptores reversuri sunt ad eum,

Ce texte poserait une exception, et la vente devrait
être validée quand il y a bonne foi de l'héritier apparent
pourvu que cette vente n'ait pas été faite sans garantie.
En effet, le droit romain envisageait principalement l'intérêt de l'héritier apparent, et, pour le protéger quand il
était de bonne foi, et pour éviter que les tiers dépouillés
par éviction ne se retournassent contre lui, il n'admettait pas l'action de l'héritier réel contre l'acquéreur. Et,
pour écarter toutes poursuites, on accordait à ce dernier
une exception du chef de son auteur, tirée de la qualité
de bonne foi de l'héritier apparent, *ex persona venditoris*.
Ainsi l'acheteur conservait son acquisition, et l'héritier
apparent de bonne foi n'ayant eu aucun enrichissement de la vente, ne pouvait être poursuivi par l'héritier
réel. Mais ceci était vrai seulement lorsque l'héritier
apparent était de bonne foi et que de plus les tiers n'a-
vaient pas renoncé à leur action en garantie, « car
sans cela le vendeur serait soumis à des répétitions qui

qui distraxit ? Et puto, posse res vindicari, *nisi emptores regressum ad
bonæ fidei possessorem habent.* »
Ce texte du Digeste a donné lieu à de nombreuses interprétations
que nous ne pouvons discuter ici. On admet généralement que l'héritier possesseur de bonne foi, d'après le sénatus-consulte Juventien,
n'est tenu que dans les limites de son enrichissement, ce qui exclut la
revendication quand l'héritier apparent serait condamné à une somme
plus élevée, — par exemple lorsque la vente aurait été faite avec garantie. — Aujourd'hui il est très vraisemblable que la finale *nisi...... habent*
est une interpolation ; ce qui prouverait que ce sujet est probant pour
le droit de Justinien, mais qu'il n'avait pas la même portée antérieure-
ment. C'est là une conjecture de M. Mommsen adoptée par Gradenwitz
(*Interpolationen*, pp. 79, 80). — Cf. Girard, *Manuel élémentaire de
Droit romain*, p. 879, note 1.

excéderaient ce dont il s'est enrichi ; le juge ne peut pas en évinçant les acquéreurs, mettre le vendeur dans le cas de les indemniser de ses propres deniers (1) ».

Merlin soutient que ce système a passé dans notre jurisprudence des parlements et que le Code civil a voulu le maintenir.

Nous avons vu que, même si ce système était admis en principe, il n'y avait pas unanimité dans les décisions de la jurisprudence ; que certains parlements ne l'admettaient pas complètement, puisque l'arrêt Malandrin (Rouen, 17 juin 1739) (2) qui valide la vente, se place dans l'intérêt de l'acquéreur de bonne foi, puisque dans l'espèce l'héritier apparent était de mauvaise foi. Il n'y avait donc pas dans notre ancienne jurisprudence une unité de décisions suffisante pour qu'on puisse affirmer que ce système était adopté ; s'il a été admis par certains parlements, d'autres au contraire le repoussaient, et les interprétations de texte étaient différentes.

Par conséquent, Troplong avait bien raison de dire : « Ce n'est pas avec ces opinions divergentes, avec ces arrêts contradictoires, avec ces aperçus sans accord, que l'on prouvera cette unanimité qui est nécessaire pour que l'on puisse dire que le système du droit romain a eu en France un véritable acquiescement. Si je ne m'abuse, la faveur de l'acquéreur a exercé sur les ar-

---

(1) Merlin, *Questions de droit*, Vº *Héritiers*, § III.
(2) Merlin, *Répertoire de jurispr.*, sect. I, § 5, nº 2.

rêts autant d'influence que la bonne foi du vendeur (1). »
Nous avons noté plus haut que ce système avait été fortement attaqué par Lebrun et Cochin (2).

Et quand bien même il y aurait eu unanimité dans
l'ancien droit, faudrait-il dire avec Merlin, « le prince des
jurisconsultes », que le Code civil a voulu s'en référer
aux principes de droit romain, soi-disant admis par nos
anciens arrêts? Nous ne le croyons pas.

En effet, lorsque pour trouver la solution d'une question juridique, nous nous adressons aux principes généraux, et que leur application n'est pas suffisante
pour trancher la question, dans le silence du Code qui
n'a posé aucune exception pour ce cas spécial, nous
pouvons alors avoir recours à l'histoire et rechercher
si cette question était prévue autrefois, et comment elle
était résolue, soit dans l'ancien droit, soit dans le droit
romain, et voir si le Code a entendu s'en rapporter à
l'un ou à l'autre, hypothèse très rare d'ailleurs. Mais

_____

(1) Troplong, *Vente*, n° 231.
(2) Un peu plus tard par Toullier qui eut une discussion très vive
avec Merlin. — Voyez : Grenier, *Hypothèques*, n° 51. « Ce qu'il (Merlin)
présentait commes principes positifs tirés du droit romain s'est réduit à
des obscurités, à des incertitudes dans lesquelles il est impossible de
retrouver les caractères d'une législation. » — Cochin, *Plaidoiries*, 139ᵉ
cause. Le texte du Digeste « est une disposition obscure, présentant
une idée qu'on n'entend pas, et qu'on ne peut concilier avec les règles. »
— Arntz, *Droit civil français*, I, n° 1670. « Les textes de droit romain
qui s'y rattachent sont obscurs ; les traditions de l'ancienne jurisprudence française incertaines et contestées ; la loi actuelle est muette et
défectueuse ; les opinions des auteurs et de la jurisprudence varient à
l'infini. »

ici, ce n'est pas le cas ; nous pensons, au contraire, que la question ne peut et ne doit se trancher que par l'application pure et simple des principes si clairs, si précis, que le législateur nous a donnés. Le Code civil suffit pour trouver la solution de notre hypothèse, si, comme on l'a dit, « on veut prendre la peine de le lire ». Et les auteurs qui, sous l'empire du Code civil ont invoqué une telle opinion, « sont allés se perdre dans les nuages du droit romain qu'ils ont interprété tout de travers, tandis que la lumière brillait à leurs yeux du plus vif éclat dans les textes qui nous régissent » (1).

Que la plupart des parlements se soient référés au droit romain, c'est possible ; mais en présence du Code civil, leurs décisions ne peuvent plus avoir aucune influence ; il faut trancher la question au moyen des textes qui nous régissent et n'en pas faire abstraction comme Merlin et certains auteurs qui ont adopté la même théorie et se baser uniquement sur le droit romain ; car « les lois romaines n'ont plus en France d'autre autorité que celle de la raison » (2).

Nous avons cité certains auteurs qui ont adopté le système de Merlin. Quelques-uns ont admis sa théorie dans toute sa rigueur, et M. Laferrière par exemple, pense que le sénatus-consulte d'Adrien est encore en vigueur sous nos lois et qu'il doit servir de base à la discus-

---

(1) Hureaux, *Succession*, III, nº 202.
(2) Duvergier sur Toullier, *Droit civil français*, II, p. 20.

sion (1). D'autres, au contraire, tout en admettant, en principe, la théorie soutenue par Merlin ont apporté des correctifs à ce système absolu du droit romain et leur théorie n'en est qu'améliorée. « Cependant il nous paraît inutile, dit Simonnet, de distinguer à l'égard des tiers, si l'héritier putatif est de bonne foi ; la décision du droit romain était la conséquence rigoureuse des principes qui réglaient l'action de l'héritier véritable contre le possesseur de l'hérédité : on ne permettait pas au premier d'inquiéter les tiers, quand leur recours aurait pu porter préjudice au possesseur de bonne foi. Nous raisonnons au contraire au point de vue des tiers acquéreurs et nous devons surtout être guidés par les considérations d'équité (2). »

En un mot, si la théorie de Merlin pouvait être juste dans l'ancien droit, malgré quelques divergences, il est certain qu'elle n'est plus soutenable sous l'empire du Code civil qui a posé de nouvelles règles, et qui d'ailleurs tranche la question si on veut l'appliquer.

Système de M. Jozon (3).

Le système de M. Jozon est un des plus originaux qui ont été émis sur la question. Pour valider la vente consentie par l'héritier apparent, il faut, selon cet auteur, deux éléments essentiels :

(1) Laferrière, *Revue de droit français et étranger* ; Fœlix, 1844, I, p. 208.
(2) Simonnet, *Saisine héréditaire*, p. 303.
(3) Jozon, *Revue pratique de droit français*, t. XIV, p. 378.

1º Erreur invincible dans laquelle sont tombés l'héritier apparent et le tiers acquéreur, idée que nous avons déjà réfutée et sur laquelle nous ne revenons pas.

2º Négligence du véritable héritier qui lui est reprochée comme une faute.

Comme base de son système, M. Jozon invoque les articles 1382 et 1383 du Code civil. Quand la faute, la négligence ou l'imprudence d'une personne a causé un dommage à autrui, il y a lieu de le réparer. Or, dans notre hypothèse, si le véritable héritier sait qu'une succession lui est dévolue, n'y a-t-il pas de sa part une grande négligence à ne pas se faire connaître et à laisser un tiers s'emparer des biens héréditaires et en disposer comme de ses propres biens ? Il y a une faute de l'héritier réel « qui a tendu un piège aux tiers acquéreurs », et par l'application du principe de l'article 1382 du Code, cet héritier doit alors réparer cette faute, cette négligence ; le meilleur moyen d'indemniser les tiers dans ce cas, sera de ne pas les inquiéter dans leur nouvelle acquisition, car *quem de evictione tenet actio eumdem agentem repellit exceptio.* « Nous croyons pouvoir dire et prouver que l'héritier, sans être obligé par voie d'action envers les tiers à leur faire connaître sa qualité, peut se voir opposer, sous forme d'exception, par ceux contre lesquels il l'invoque tardivement, la négligence qu'il a apportée à sa manifestation. »

Par conséquent, dans son système, M. Jozon fait abstraction de l'héritier apparent : il circonscrit le débat

entre le tiers acquéreur et l'héritier réel ; il y a en présence d'une part, un tiers qui a acquis un bien de bonne
foi sous l'influence d'une erreur invincible dans laquelle
il est tombé, d'autre part un héritier réel qui est en faute
pour ne pas s'être fait connaître, pour ne pas avoir pris
plus tôt possession de l'hérédité qui lui appartenait, et
qui est tenu de réparer cette faute. L'ouverture d'une
succession est en effet un événement assez important
pour qu'il soit connu des intéressés, et quand bien
même ils n'auraient pas su qu'une succession s'ouvrait
à leur profit, ils doivent alors faire preuve de leur
ignorance ; mais tant que cette preuve n'est pas faite,
les tiers acquéreurs ont le droit de réclamer la réparation du préjudice qui leur est causé.

Il faut donc une faute de l'héritier réel pour que la
revendication puisse être écartée, sinon elle doit triom-
pher, ce sera une question de preuve. M. Jozon en conclut qu'en cas de vocation testamentaire, la revendication ne pourra jamais être admise, car l'héritier est
toujours en faute : « Le testateur aurait dû en effet
prendre les mesures nécessaires pour faire apparaître
son testament aussitôt après sa mort. En négligeant
cette précaution, il a été la cause première de l'erreur
dans laquelle sont tombés le légataire apparent et les
tiers acquéreurs, et a contracté par là vis-à-vis d'eux
une obligation à laquelle succède son héritier. »

M. Jozon invoque en outre l'article 1380 qui selon lui
n'est qu'un écho du sénatus-consulte Juventien, et aux

termes duquel celui qui a reçu de bonne foi une chose
à laquelle il n'avait pas droit et qui a vendu cette chose
ne doit que le prix de la vente. Par conséquent, on voit
par là que le tiers acquéreur ne sera pas troublé dans
son acquisition et que le vendeur seul devra restituer le
prix reçu ; c'est-à-dire qu'il sera tenu dans la mesure de
l'enrichissement réalisé. C'est bien là, l'idée d'une faute
du propriétaire, qui, pour ne pas exposer le vendeur de
bonne foi à payer plus que le prix de la vente, se verra
retirer par cette faute le droit de revendiquer la chose
entre les mains des tiers ; si, au contraire, on admettait
la revendication, les tiers auraient un recours contre
leur vendeur qui serait obligé au delà de son enrichissement ; or cette hypothèse est bien voisine de la nôtre.

Nous croyons le système de M. Jozon bien fragile et
cette idée de faute que l'on impute au véritable propriétaire semble peu solide. « Cette expropriation pour
cause de faute » (1) nous semble inadmissible.

En effet, en supposant que l'héritier réel ait connu
sa vocation héréditaire, en supposant qu'il ait volontairement omis de se présenter et de recueillir les biens
de la succession, pouvons-nous dire qu'il y ait là une
faute engageant sa responsabilité ? Evidemment non.
Rien ne pouvait l'obliger à se prononcer ; quel est donc
le texte de loi qui lui prescrit une telle obligation, où
donc la loi lui impose-t-elle une semblable conduite ?

---

(1) De Folleville, *Revue pratique*, t. 32, 1871, p. 527, n° 45.

Nulle part! Et loin de reconnaître une faute dans l'inaction de l'héritier réel, le Code civil, dans l'article 789, lui accorde au contraire le droit de garder le silence pendant trente ans. Or qu'est-ce donc que ce soi-disant préjudice causé par l'exercice d'un droit? Qu'importe la négligence du véritable héritier, « elle ne peut lui faire perdre son droit que par la prescription » (1). Et quand M. Jozon nous dit que son système « s'applique aussi bien à la vente consentie par un non-propriétaire quelconque qu'à la vente de l'héritier apparent » nous voyons dans quelle exagération il tombe ; bien souvent la disposition de l'article 1599 sera lettre morte, car le propriétaire sera en faute de n'avoir pas suffisamment veillé sur son bien et de l'avoir laissé aliéner. Par cette prétendue faute du propriétaire M. Jozon bâtit ainsi un système arbitraire qui renverse complètement le droit de propriété ; est-ce là une théorie bien sérieuse?

Mais, au contraire, est-ce que, la plupart du temps, cette faute ne se retournera pas contre l'acquéreur, est-ce qu'il aura bien pris tous les renseignements nécessaires pour acquérir valablement et irrévocablement? Et même dans l'espoir de faire une heureuse opération, il n'aura peut-être pas recherché suffisamment la qualité de son vendeur qui était de mauvaise foi, et pressé de se débarrasser d'un immeuble pour obtenir un bénéfice qu'il n'aurait pu avoir si l'héritier réel s'était présenté. Nous croyons donc qu'on ne peut reprocher aucune faute à

(1) Seresia, *Pétition d'hérédité*, n° 231.

l'héritier véritable, car il n'a fait qu'user d'un droit qui lui est formellement accordé par la loi dans l'article 789 du Code civil.

Et de plus, est-ce que l'héritier réel aura toujours connu sa vocation héréditaire? Il se peut très bien qu'il ait ignoré l'ouverture de la succession. Ce sera d'après M. Jozon une question de preuve et l'héritier réel devra démontrer son ignorance à cet égard. Or cette preuve d'un droit reconnu dans l'article 789 est tout au moins bizarre, car l'héritier réel répondra aux prétentions des tiers acquéreurs par la lecture de cet article qui lui reconnaît un délai de trente ans pour se prononcer et pendant lequel son inaction, forcée ou volontaire, ne peut lui être reprochée.

Quant à l'article 1380 du Code civil qui est appliqué par analogie par M. Jozon, à l'hypothèse de l'héritier apparent, nous ne pensons pas qu'il puisse avoir grande influence sur la solution de la question. Ce texte a donné lieu à des controverses nombreuses, et on s'est demandé si le *solvens*, celui qui a payé l'indû peut revendiquer la chose aliénée par *l'accipiens* entre les mains des tiers détenteurs. Rien ne dit dans le texte, que la revendication soit écartée et nous croyons qu'il pourra revendiquer, pour cette raison, que le paiement indû n'a pu rendre *l'accipiens* propriétaire, et que, par conséquent, celui-ci n'a pu transférer sur le bien aucun droit valable. Pour nous, l'article 1380 signifie seulement que *l'accipiens* ne pourra pas être tenu au delà de son enrichissement, nous pensons qu'il règle simplement les rapports du *solvens* et de l'*accipiens* et que celui-ci sera tenu seulement de restituer le prix reçu. Mais en cas de poursuites dirigées contre lui par le tiers acquéreur évincé, s'il est condamné à une restitution plus élevée que le prix reçu, alors il invoquera l'article 1380 et pourra se retourner contre le *solvens* pour lui réclamer le supplément du prix qu'il aura été obligé de débourser : c'est là, croyons-nous, la portée de l'article 1380. En supposant même que la revendication ne soit pas possible, comme le dit M. Jozon, il faut donc supposer que l'*accipiens* a été rendu propriétaire, et qu'il a pu concéder valablement des droits au tiers acquéreur ; ce serait en tous cas une exception posée dans cet article et nous pouvons conclure que cette hypothèse ne pourrait pas être étendue au cas de l'héritier apparent, qui lui, n'est pas et ne peut pas être considéré comme propriétaire, ainsi que nous l'avons vu dans la critique de la jurisprudence.

Ce système a été suivi par M. Victor Théry : « Si l'héritier véritable a connu l'ouverture de la succession, son appréhension par un autre, et le fait des aliénations, et n'a néanmoins rien fait pour les empêcher, il répond de son dol, ou tout au moins de sa faute envers le tiers acquéreur ; la meilleure réparation serait, en ce cas, de valider l'aliénation et de rejeter la revendication de l'héritier (1). » Dans cette hypothèse seule, qui est bien celle

(1) Victor Théry, *Cours de droit civil*, II, p. 127.

que prévoit M. Jozon, cet auteur admet la validité de la
vente qu'il base sur une faute présumée de l'héritier
réel.

La jurisprudence française n'a guère admis ce système. Cependant la Cour de Besançon a adopté la même
théorie : « Attendu... que par son abstention volontaire, il (l'héritier réel) a autorisé ceux-ci (les tiers acquéreurs) à voir dans l'héritier apparent le véritable
successible, que, dès lors, il leur a porté préjudice par
son fait et par sa faute, et que la réparation qu'il leur
doit aux termes de l'article 1382 élève une exception
péremptoire contre toute demande en éviction émanée
de lui... (1) » C'est la seule Cour qui, après le Code civil, ait adopté ce système comme base de ses décisions.

Système de M. Carette (2).

Le système de M. Carette est beaucoup plus simple,
mais cependant n'est pas plus exact. M. Carette est
partisan du système de la jurisprudence française, en ce
sens, qu'il admet la validité de la vente consentie à un
tiers acquéreur de bonne foi. Il faut, d'après lui, s'occuper uniquement de la bonne foi de l'acquéreur, « les
tribunaux sont là pour apprécier toutes les circonstances, la loi leur laisse à cet égard la plus grande lati-
tude ». Mais, d'après lui, aucun principe du Code civil ne

---

(1) Besançon, 18 juin 1864 (S. 1865.2.102); Besançon, 1er mars 1864
(D. 64.2.61).
(2) Note au Sirey, S. 1836.2.293.

peut servir à trancher la question, aucun article de la
loi ne peut nous aider à trouver la solution que nous
cherchons, et comme le juge ne peut se refuser de se
prononcer sur un cas qui lui est soumis, comme son
devoir est de trancher le litige, sa mission devient très
élevée, il a une liberté d'appréciation absolue. « Lorsque cette question se présente au juge, ce n'est pas
moins un devoir pour lui de la résoudre. Dans ce cas
comme dans tous les autres cas semblables, sa mission
s'agrandit, elle s'élève, quoique dans une sphère res-
treinte, presque à la hauteur de celle du législateur
même. C'est alors par des considérations d'équité, d'ordre public, d'économie politique qu'il est obligé de se
décider. »

Tel est donc le système de M. Carette ; le silence du législateur sur la question qui nous occupe donne au juge
un pouvoir absolu ; c'est bien là le système même de la
jurisprudence qui laisse à peu près à l'arbitraire du juge
le soin de trancher la question ; par conséquent, dans
cette hypothèse, le juge français a la même mission
que le préteur romain. M. Carette essaie ensuite de justifier le système de la jurisprudence et écarte avec elle
les principes généraux dont l'application selon lui n'est
pas possible à notre espèce : les articles 2125 et 2182,
car, dans la majorité des hypothèses qui rentrent dans le
domaine de ces articles, il sera facile aux tiers de prendre
des renseignements et de connaître exactement la qualité de leur auteur, ce qui est impossible dans notre hy-

pothèse, puisqu'il n'y a aucun registre pouvant renseigner les tiers acquéreurs sur la priorité du droit du possesseur de la succession ; l'article 1599, car il ne s'agit pas de la vente d'autrui.

Ce système, croyons-nous, est inadmissible. En accordant aux tribunaux un droit aussi étendu, aussi puissant, qui leur permet de corriger la loi, M. Carette oublie complètement quelle est la mission du juge qui doit interpréter et non légiférer, et il fait pour ainsi dire abstraction du principe de la séparation des pouvoirs. Ce système aurait pu être vrai à Rome où le préteur avait le pouvoir de modérer l'application quelquefois rigoureuse de la loi dans certaines hypothèses, mais ceci ne peut pas être admis pour le juge français depuis la création du Code civil. « Parmi nous, disait Portalis, la mission du juge est circonscrite dans l'application fidèle de nos lois (1). » Mais, permettre au juge de créer de toutes pièces un système sans se rapporter aux principes du Code, c'est là une exagération : « Si le juge devient législateur, nous avons donc eu raison de dire qu'il faisait la loi au lieu de l'appliquer (2). »

Ce système pourrait peut-être avoir une certaine vraisemblance si le Code civil était complètement muet sur la question et si les principes qui nous dirigent n'existaient pas ; mais on ne peut pas accorder au juge

_____

(1) Portalis, Discours au corps législatif, 23 brumaire an X ; Locré, n° 28.

(2) Marcadé, *Expl. du Code civil*, I p. 370.

un tel pouvoir en présence des textes si clairs et si précis du Code.

On ne peut souscrire sans danger au système de M. Carette qui donne au juge des pouvoirs qu'il n'a pas et ne peut pas avoir, qui laisse à l'arbitraire du juge le soin de trancher les questions sans tenir compte de la loi, et élève sa mission presque à la hauteur de celle du législateur : « Aveu compromettant, suivant moi ! car une telle question ne peut pas ne pas être résolue : car elle se trouve sous l'empire immédiat des principes généraux, consacrés par les articles 1599, 2125 et 2182 ; et si vous ne trouvez pas dans la loi une exception pour l'y soustraire, le droit de propriété triomphe ! et voilà l'action en revendication ouverte contre les tiers acquéreurs (1). »

Le juge doit en effet appliquer la loi telle qu'elle est, il ne peut pas la modifier, car ce pouvoir ne lui est accordé par aucun texte (2), il doit former sa conscience d'après le Code civil, quand celui-ci est assez clair pour recevoir une facile interprétation. Et nous souhaiterions que pour la question qui nous occupe, cette phrase bien connue fût exacte : « Une certaine impartialité est inhérente au pouvoir judiciaire ; l'habitude de se prononcer selon des *textes écrits*,

---

(1) Demolombe, *Traité de l'absence*, n° 249.

(2) Marcadé, *Expl. du C. civ.*, I, p. 363 : « Constater ce que la loi est, c'est faire du droit, ... constater ce que la loi devrait être, c'est s'occuper de législation. »

d'appliquer des lois à des faits, donne un respect naturel et presque instinctif pour les droits acquis et anciens (1). »

En effet le juge doit se prononcer suivant des textes écrits avec la plus grande impartialité. Et dans notre hypothèse, il doit faire appel aux principes du Code, si évidents, qu'on se demande comment on a jamais pu les méconnaître et les écarter pour la solution de notre question dans laquelle ils s'imposaient nécessairement. Ce pouvoir arbitraire accordé par M. Carette au juge est tout à fait inadmissible et contraire à tous les principes admis.

Système de M. Demolombe (2).

M. Demolombe n'admet pas le système de la jurisprudence ; il réfute tous les arguments qui sont donnés par elle, et il semble qu'il doive conclure tout naturellement en adoptant le système de la nullité. Pas du tout, M. Demolombe en présence du système de la nullité qui lui semble « inexpugnable tant qu'on voudra engager le combat sur le terrain où il se place » nous déclare : « Je suis, je l'avoue, très touché de cette profonde, de cette unanime conviction qui entraîne vers lui (système de la validité) tous les hommes mêlés à la pratique et au mouvement des affaires. Parmi les avocats les plus exercés du barreau, parmi les notaires que j'ai pu consulter, je n'en ai presque pas rencontré qui ne considé-

(1) Guizot, *Hist. de la civilisation en France*, 19ᵉ leçon.
(2) Demolombe, *Traité de l'absence*, nᵒˢ 240 et s.

rassent comme une véritable nécessité le maintien des ventes ainsi faites ; et voilà surtout ce qui me porte à dire que cette dernière opinion triomphera. » Et tout en repoussant les arguments de la jurisprudence, partant de cette idée qu'il faut trouver une solution dans le Code, puisque la nécessité des affaires le veut ainsi, il essaie de donner une base juridique au système de la validité, et cette base il la trouve dans le mandat (1).

Il envisage l'hypothèse de l'article 136 du Code civil relatif à l'absence et aux droits successifs échus à l'absent. Il pose d'abord en principe, que si l'absent reparaît, l'héritier apparent aura sans contredit vendu la chose d'autrui, mais il ajoute comme tempérament qu'il avait pouvoir et mandat suffisant pour la vendre valablement (2).

(1) Hureaux, *Droit de succ.*, III, p. 277, note 1. En voyant M. Demolombe exposer avec sa netteté habituelle et l'érudition de bon aloi que nous lui connaissons, les précédents historiques ainsi que le déplorable état actuel de la question dans son *Traité de l'absence* (n⁰ˢ 234-258) et réfuter si victorieusement les étonnants motifs allégués par la Cour de cassation à l'appui de ses décisions cassantes sur la matière en litige, nous le comptions déjà avec un vif plaisir parmi les défenseurs du foyer domestique et de la propriété compromise par l'inadvertance et l'inattention de la jurisprudence. Dans notre esprit, il devait être le chef d'une nouvelle croisade à entreprendre contre les Sarrasins de la Terre-Sainte. Mais notre désenchantement a été grand, lorsqu'en arrivant à la fin de sa dissertation, nous l'avons vu s'oublier au point de sacrifier en définitive à un débris de l'autel de la reine du jour qu'il venait de démolir lui-même d'une manière si remarquable et si brillante.

(2) Vigié, *Droit civil français*, I, n⁰ 288 : « Nous pensons que comme au cas de l'article 132 du Code civil l'absent ne peut pas atteindre les choses héréditaires qui se trouvent dans les mains des tiers acquéreurs de bonne foi ; ces derniers avaient en face d'eux le *représentant légal*

Les cohéritiers de l'absent ou ses héritiers subséquents ont été appelés à la succession afin de la gérer comme ils administreraient leur propre chose, et ils ont reçu un mandat tacite. M. Demolombe considère que c'est le cas d'un *procurator omnium bonorum* et que si en principe « le mandat conçu en termes généraux, n'embrasse que les actes d'administration et que s'il s'agit d'aliéner ou d'hypothéquer ou de quelque autre acte de propriété le mandat doit être exprès » (1988, C. civ.), ce n'est là qu'une règle d'interprétation, et l'on peut découvrir le mandat d'aliéner soit dans l'intention de la loi, soit dans l'intention de la partie qui a conféré le mandat. Or dans cette hypothèse ce mandat est nécessaire puisque si l'on n'accorde pas le droit au possesseur de l'hérédité de faire certaines aliénations, l'administration de la succession devient impossible ; d'ailleurs Pothier soutenait la même opinion et donnait le pouvoir d'aliéner au mandataire général lorsque le mandant s'était absenté pour très longtemps (1). L'article 136 considère ces héritiers comme de véritables héritiers, et leur donne par conséquent pouvoir de faire le règlement et la liquidation de la succession ; or, « cette liquidation entraîne souvent la nécessité de vendre même les immeubles » ; il faut donc que les héritiers présents aient pouvoir d'aliéner.

de l'absent avec lequel ils ont traité ; il faut les protéger contre les revendications de l'absent ou de ses représentants. »

(1) Pothier, *Mandat*, ch. 5, art. 2, § 2, n° 147.

C'est donc l'idée de mandat qui sert de fondement à la théorie de M. Demolombe ;. et cette idée, base de son système, est appliquée à toutes les hypothèses qu'il examine, et dans toutes il considère l'héritier apparent comme un *procurator omnium bonorum cum libera administratione*. Un individu non parent du défunt s'est-il mis en possession de l'hérédité? Dans ce cas, l'héritier apparent aurait pouvoir d'administrer, et de plus, devant le silence de l'héritier réel qui aurait connu l'appréhension de la succession, il pourrait également avoir un mandat tacite qui, suivant la gravité des faits lui accorderait même le pouvoir de disposer. Un parent plus éloigné s'est-il mis en possession de l'hérédité? M. Demolombe pense que le mandat pourrait se découvrir dans deux causes : « Dans le fait de la possession publique et notoire de l'hérédité, fait qui entraîne certainement, à l'égard des tiers un pouvoir d'administration, pouvoir qu'on étendrait ici à raison du caractère d'universalité de l'objet possédé et des circonstances de la possession. — Et, jusqu'à un certain point, dans le droit qui appartient aux parents plus éloignés, non pas de se présenter aux tiers comme saisis ! comme héritiers ! mais au moins d'administrer une succession qui, si l'héritier plus proche ne la recueille pas, sera réputée, par une sorte de condition rétroactive, leur avoir toujours appartenu. » Ce serait là une gestion d'affaires nécessaire ; le mandat émis existerait, soit en vertu d'une délégation tacite de l'héritier le plus proche qui serait resté inactif, soit en vertu de l'article 136 appliqué *a fortiori* à un cas où l'existence de l'héritier n'était pas seulement incertaine mais où la possibilité de l'existence d'un héritier plus proche n'était même pas soupçonnée. — Enfin, l'hérédité a-t-elle été possédée par un héritier légitime qui ne connaissait pas la vocation testamentaire d'un légataire universel, ou par un légataire universel qui a été dépouillé de son droit par un testament postérieur découvert plus tard ? Dans ce cas également, M. Demolombe trouve que l'idée de mandat est applicable, car, d'après lui, il est certain que le légataire universel a pu se trouver, relativement à l'hérédité, dans la même position qu'un héritier apparent.

Ainsi c'est l'idée de mandat qui sert d'argument à M. Demolombe ; selon lui, l'héritier apparent aurait reçu un mandat général qui, contrairement aux principes, lui donnerait le pouvoir non seulement d'administrer, mais encore de disposer valablement des biens de la succession.

Cette théorie est contraire aux principes du mandat et aux articles du Code, notamment à l'article 1988, si précis dans ses termes : « Dans le système du Code, le mandat le plus général, celui-là même qui donne au mandataire le pouvoir d'administrer tous les biens du mandant, ne confère pas au mandataire le droit d'aliéner (1). » Mais d'ailleurs, dans cette ques-

(1) Seresia, *Pétition d'hérédité,* p. 303.

tion, M. Demolombe part d'une idée préconçue ; et, décidé à admettre le système de la validité, puisque les hommes d'affaires le veulent ainsi, il essaie de le baser sur une idée juridique qui, pour lui, est le mandat ; et au lieu de prendre comme point de départ les principes du Code et de les appliquer à notre hypothèse pour en trouver la solution, il considère au contraire qu'il faut à toute force valider la vente et c'est ainsi qu'il bâtit le système que nous avons exposé : « Ce n'est pas l'idée de mandat qui le conduit à la solution qu'il adopte ; c'est au contraire la solution imposée à l'avance par la nécessité des affaires, qui le conduit à l'idée de mandat ; c'est parce qu'il est entendu d'avance que la pratique fera prévaloir la validité des ventes, qu'il faut arriver, bon gré mal gré, à trouver cette validité dans le Code (1). »

Et d'ailleurs, M. Demolombe a fort bien compris quel était le danger, puisqu'il a pris soin de répondre *a priori* à l'objection qu'on ne manquerait pas de soulever à propos de l'article 1988 du Code civil ; et il a déclaré que cet article n'était qu'une règle d'interprétation, que le mandat général pourrait donner le pouvoir de disposer quand telle aurait été l'intention de la loi ou de celui qui a conféré le mandat ; mais précisément, dans notre espèce, il nous est impossible de trouver cette intention.

En effet, si l'on considère que le mandat est légal,

_____

(1) Marcadé, *Explication du Code civil*, I, p. 363.

nous ne voyons dans la loi aucun texte qui nous permette une telle interprétation ; l'article 1988 est très
formel sur ce point et décide que pour donner au mandataire pouvoir de disposer, il faut un mandat spécial ;
et l'article 1989 vient corroborer ce principe en déclarant que le mandataire ne peut rien faire au delà de ce
qui est porté dans son mandat. Par suite les conséquences que M. Demolombe fait découler du mandat
légal ne peuvent pas être admises en présence d'un
texte aussi formel, aussi impératif que l'article 1988.
— Et même, dans le cas de l'article 136, invoqué par
M. Demolombe, nous pensons que ce mandat ne peut
pas exister ; les cohéritiers ou héritiers subséquents
de l'absent ne peuvent être considérés comme ses
mandataires, car l'article 137 leur donne le droit de
prescrire les biens, et jamais un tel pouvoir n'a été reconnu à un simple intermédiaire, à un mandataire. —
De plus, quand bien même on admettrait cette idée de
mandat, le mandataire pourrait avoir le droit de consentir les aliénations nécessaires, indispensables à la bonne
administration de la succession ; mais jamais celui d'a-
liéner librement, inutilement ; ce n'est certes pas l'esprit de la loi. Quand la loi a pensé qu'un mandat général devait exister, elle a prévu le cas tout spécialement,
et c'est, par exemple, ce qu'elle a fait pour le curateur à
succession vacante qui n'est qu'un simple mandataire,
qui a cependant le pouvoir d'aliéner mais dont les actes
sont soumis à un ensemble de règles posées par la loi.

Et de plus, qu'est-ce donc que ce mandat où le mandataire ignore sa qualité, en vertu duquel il administre,
dispose des biens comme s'ils lui appartenaient ; on
ne peut être mandataire malgré soi, et telle serait la
situation de l'héritier apparent si l'on admettait cette
théorie.

Mais peut-on soutenir que c'est là un mandat conventionnel ? Certes non. L'héritier réel et l'héritier apparent n'ont jamais eu aucun rapport ; l'héritier réel était
inconnu, et rien ne permet de dire qu'il y a un mandat
tacite de sa part, car il peut très bien avoir ignoré l'ouverture de la succession. De plus, pour qu'un mandat
conventionnel puisse exister, il faut une entente des
parties, un accord de volontés ; il faut que le mandant
cède momentanément ses droits au mandataire, qui
lui, doit accepter conformément à l'article 1984-2° ou
1985-2°, c'est-à-dire formellement ou tacitement ; mais
tant que cette acceptation n'a pas eu lieu, le mandat ne
peut pas se former. Et si l'on dit qu'il y a mandat parce
que l'héritier apparent administre, dispose des biens,
nous demanderons ce qu'est ce mandat dans lequel
nous ne trouvons pas la volonté du mandant.

On a déclaré pour atténuer un peu cette théorie du
mandat qui semblait excessive, que ce n'était qu'une
gestion d'affaires nécessaire. Or, ce que nous avons dit
du mandat peut s'appliquer également à la gestion
d'affaires. Il suffit en effet de considérer le caractère de
la gestion d'affaires. Le gérant d'affaires agit pour le

compte d'autrui, et il agit sciemment pour le compte du *dominus*, ce qui n'est pas vrai de l'héritier apparent qui agit pour son propre compte, qui considère les biens comme lui appartenant, du moins quand il est de bonne foi, et qui, même quand il est de mauvaise foi, est considéré, par la jurisprudence, agissant et disposant des biens de la succession comme de ses propres biens.

Ce système de M. Demolombe n'a pas eu beaucoup de partisans, car il choque certainement les idées juridiques que l'on a généralement sur la nature et le caractère du mandat. En ce sens, on ne peut guère citer que Demante, Zachariæ et de Folleville.

Demante pose en principe que le vendeur ne peut pas transférer plus de droits qu'il n'en a lui-même sur la chose ; mais il pense qu'on peut trouver le pouvoir d'aliéner dans la possession légitime de l'article 136 ; « non pas que la possession entraîne pouvoir légal d'aliéner la chose possédée, mais dans la possession réside le pouvoir de gouverner qui doit comprendre la faculté d'aliéner les objets particuliers. Puisqu'il n'y a pas de règle posée, la loi a donc entendu s'en remettre à la discrétion du possesseur » (1).

D'après Zachariæ, l'héritier apparent qui jouit publiquement et notoirement est le *mandataire forcé* de l'héritier réel inconnu. Donc tout ce qu'il fait est valable

_____

(1) Demante, *Code civil*, I, nº 176 *bis*, p. 280.

envers les tiers, pourvu qu'ils soient de bonne foi (1).

De Folleville déclare qu'il importe d'assigner une base juridique au système de la jurisprudence ; « or, son véritable fondement nous paraît se rencontrer avant tout dans des nécessités impérieuses d'ordre public, dans l'intérêt social, de la libre circulation des biens et de la stabilité des fortunes : nous ajouterons cette considération, qu'il importe à l'héritier véritable lui-même que le patrimoine par lui mal à propos déserté puisse être sérieusement administré et gouverné ». Et pour arriver à ce résultat, tout en reconnaissant la force des principes généraux, il pense cependant que le système de la validité peut se justifier par ce fait que l'héritier apparent est le représentant légal de l'héritier réel, *procurator omnium bonorum cum libera potestate* ; que le silence de l'héritier réel donne mandat tacite et virtuel d'administrer et de liquider et qu'il faudra par suite vendre certains immeubles pour payer les créanciers ; que la présomption de mandat affermit les aliénations consenties par l'héritier apparent (2).

Nous avons montré que le système de M. Demolombe n'était pas admissible, et nous ne discuterons pas les arguments donnés par les auteurs que nous venons de citer et qui sont à peu près les mêmes. Nous conclurons en rappelant simplement cette phrase qui résume toute la discussion du système basé sur le mandat.

(1) Zachariæ, Ed. Massé et Vergé, p. 67, note 18.
(2) De Folleville. *Essai sur la vente de la chose d'autrui*, p. 40 et s.

« L'héritier apparent n'étant ni le mandataire légal, ni
le gérant d'affaires de l'héritier réel, les traités que le
premier a faits avec les tiers en sa prétendue qualité
d'héritier sont, au regard du second *res inter alios acta*.
L'héritier réel n'est pas tenu de les respecter vis-à-vis
des tiers pas plus que ceux-ci ne sont obligés de les respecter vis-à-vis de lui (1). »

Système de MM. Aubry et Rau (2).

MM. Aubry et Rau suivent la même méthode que
M. Demolombe, mais se séparent de lui quant aux motifs
qui leur servent de guides ; en effet, ils commencent
d'abord par réfuter les arguments donnés par les partisans du système de la validité et toutefois arrivent au
même résultat, en se basant sur une idée juridique
particulière. Ils posent les conditions nécessaires à la
validité, avec une grande netteté : « Les actes de disposition à titre onéreux sont également valables à l'égard
de l'héritier, abstraction faite de la bonne ou de la
mauvaise foi du possesseur de l'hérédité, lorsque ce
dernier se trouve être parent du défunt au degré successible, qu'il a appréhendé l'hérédité en cette qualité,
par suite de l'absence ou de l'inaction des parents plus
proches, que la possession publique et paisible de cette
hérédité a dû le faire notoirement considérer comme

(1) Sérésia, *Pétition d'hérédité*, p. 301.
(2) Aubry et Rau, *Droit civil*, VI, § 616, 5°, p. 437 — et note 32.

héritier et qu'enfin les tiers avec lesquels il a traité ont été de bonne foi. »

Dans ce passage, nous trouvons donc toutes les conditions exigées par la jurisprudence ; mais outre la bonne foi des tiers acquéreurs, l'erreur commune, l'existence d'un titre qui peuvent les justifier, MM. Aubry et Rau exigent plus en ce qui touche ce titre ; il faut pour qu'il y ait héritier apparent au véritable sens du mot et pour que l'aliénation soit validée que ce titre soit basé sur la vocation *ab intestat* et non sur la vocation testamentaire, sur un titre émané de la volonté de l'homme (1).

Quelle est donc la raison de cette distinction ? MM. Aubry et Rau l'exposent avec leur concision habituelle : « La raison en est que, d'une part, on ne peut étendre les dispositions de l'article 132 (base de leur système) dans lequel il est question d'un titre fondé sur la loi elle-même à l'hypothèse où il s'agit d'un titre émané de la volonté de l'homme ; que, d'autre part, on ne voit presque jamais réunies, dans cette dernière hypothèse, les deux circonstances dont le concours seul fait fléchir la règle : *nemo plus juris in alium transferre potest quam ipse habet*, savoir : l'erreur invincible du tiers acquéreur, et la négligence du véritable héritier. Il est, en effet, presque toujours possible de contrôler le mérite d'un titre émané de la volonté de l'homme, et

_____

(1) Voyez dans le même sens : Arntz, *Droit civil français*, nº 1675 : « Celui qui fonde son droit sur un titre émané de la volonté de l'homme accepte toutes les chances bonnes ou mauvaises que ce titre renferme. »

dans la supposition contraire, ce contrôle sera, pour la plupart du temps, aussi impraticable au véritable héritier qu'au tiers acquéreur, l'une ou l'autre des circonstances ci-dessus indiquées viendra donc à défaillir. Tandis que si l'hérédité est possédée par un parent du défunt qui justifie de sa qualité et dont le titre apparent se trouve dans la vocation de la loi, il est absolument impossible d'examiner le mérite de ce titre, et de vérifier si ce possesseur se trouve ou non primé par un parent plus proche. L'erreur du tiers acquéreur est donc ici invincible, et elle prend toujours sa source dans la négligence que l'héritier véritable a mise à réclamer ses droits. »

MM. Aubry et Rau admettent d'abord en thèse générale le grand principe : *nemo plus juris ad alium transferre potest quam ipse habet*; puis ils se demandent s'il n'y a pas d'exception dans le Code; et tout en se basant sur les articles 790, 1240 « sur de pressantes considérations d'équité » ils pensent trouver cette exception dans l'article 132 du Code civil dont ils tirent un argument *a pari* et même, disent-ils, *a fortiori* en faveur de la validité des ventes consenties par l'héritier apparent. La façon si nette, si précise, et surtout si concise avec laquelle ils exposent cet argument tout spécial à leur doctrine, ne nous permet pas de le résumer et nous croyons qu'il est nécessaire de rapporter ce passage en entier pour donner une idée claire de leur système (note 32) : « On peut, relativement au droit de dispo-

sition, placer sur la même ligne, les parents les plus
éloignés, appelés à succéder à l'exclusion d'un parent
plus proche dont l'existence n'est pas reconnue, et les
héritiers présomptifs de l'absent, au profit desquels
l'envoi définitif a été prononcé. La situation des tiers
qui ont traité, fût-ce même pendant la période de présomption d'absence, avec le possesseur de l'hérédité
dont un absent a été exclu, est même plus favorable
que celle des tiers qui ont traité avec les personnes en-
voyées en possession définitive du patrimoine de cet
absent; car, à la différence des premiers, les seconds
ont pu et dû reconnaître la révocabilité dont se trouvait
atteint le titre de leurs auteurs. Enfin, les droits de celui
qui revendique son propre patrimoine, sont certainement plus sacrés, plus dignes d'intérêt et de protection, que les droits de celui qui vient réclamer une
hérédité à laquelle il ne s'est pas présenté. Cela est
tellement vrai que l'action du premier est imprescrip-
tible, même après l'envoi en possession définitif, ainsi
que cela résulte de la combinaison des articles 132 et
133, tandis que l'action du second se prescrit par trente
ans. Cependant, d'après l'article 132, l'absent reven-
diquant son propre patrimoine, est obligé de le reprendre dans l'état où il se trouve : en d'autres termes, il
n'a pas le droit de faire révoquer les aliénations qui
auraient été consenties par les envoyés en possession
définitive. Comment dès lors serait-il possible de reconnaître un pareil droit à l'absent, venant réclamer l'hé-

rédité dont il avait été écarté à raison de son absence ?
L'article 132 tranche donc virtuellement la question
pour le cas d'absence ; et la disposition peut être invo-
quée *a fortiori* pour le cas où, quoique sur les lieux, le
parent le plus proche a laissé des parents plus éloignés
s'emparer de l'hérédité à laquelle il se trouvait appelé. »

Nous voyons avec quelle précision MM. Aubry et Rau
nous exposent leur système, basé sur l'article 132, qu'ils
veulent appliquer par analogie à l'hypothèse de l'héritier
apparent. Mais la réfutation ne nous retiendra pas longtemps et nous pouvons ramener la discussion à quelques
observations que nous croyons fort exactes.

Il ne faut pas oublier, comme le font MM. Aubry et
Rau, que les exceptions sont de droit étroit et ne peuvent
être étendues d'un cas spécialement prévu à un cas à
peu près semblable, c'est là un principe incontestable ;
et si, dans l'article 132, la loi apporte une exception à la
règle *nemo plus juris in alium transferre potest quam
ipse habet*, on ne peut appliquer cette exception au cas
de l'héritier apparent.

De plus, l'analogie est loin d'exister entre le cas de
l'article 132 et celui de l'héritier apparent ; en effet quand
les envoyés en possession définitifs auront obtenu le jugement d'envoi en possession, il y aura déjà fort longtemps
que l'absent aura disparu (cf. 129 C.civ.) ; ils posséderont
depuis « plus de temps qu'il n'en faudrait au premier
venu pour prescrire la propriété des biens de cet ab-

sent (1) » ; toutes les circonstances feront présumer
qu'il est décédé, et dans l'intérêt général même, il faut
que ses biens ne restent pas indéfiniment hors du commerce ; telle n'est pas du tout la situation de l'héritier
apparent, car l'héritier réel peut se présenter et réclamer ses droits dans un délai très court, et nous avons
même déjà remarqué que la loi lui accordait un délai
de trente ans pendant lequel il pouvait prendre parti
valablement. Enfin, en se plaçant dans l'hypothèse de
l'article 132, et en admettant qu'elle doive être étendue
à notre cas, il faut par là même accorder à l'héritier
apparent le droit de disposer des biens de la succession
à titre gratuit, aussi bien qu'à titre onéreux, puisque les
envoyés en possession définitifs ont ce pouvoir aux termes de l'article 132 du Code civil. Or MM. Aubry et Rau
repoussent cette conséquence et par suite l'analogie
qu'ils établissent entre les deux hypothèses n'a plus
aucune valeur.

Ce système n'a d'ailleurs pas eu beaucoup d'adeptes
et on ne peut citer que M. Vigié qui ait adopté la même
théorie (2).

(1) Marcadé, *Droit civil*, I, sur l'art. 137, n° 4.
(2) Vigié, *Droit civil français*, I, n° 288.

CONCLUSION

Nous avons vu que la jurisprudence française admet
le système de la validité de la vente immobilière consentie par l'héritier apparent, sous certaines conditions,
et nous avons réfuté les arguments qu'elle donne ; les
auteurs qui défendent le même système ont présenté
des théories souvent fort originales, mais n'ayant pas
de bases juridiques bien solides. Nous avons montré
que le système de la nullité, adopté par la majorité des
auteurs, nous paraît le seul juridique et le seul soutenable en droit, et, si quelquefois il semble sévère et in-
transigeant, il ne fait cependant qu'appliquer la loi, et
c'est au législateur qu'il faut adresser un reproche. Nous
nous sommes demandé si, à côté des principes, il n'y a
pas d'exception qui tranche la question. C'est en vain
qu'on cherche dans le Code, nulle part le cas n'a été
spécialement prévu par le législateur. Cependant, lorsque le Code fut rédigé, cette question s'était déjà présentée devant les Parlements, elle avait été discutée par les
auteurs, on connaissait les difficultés qu'elle soulevait,
et toutefois, les rédacteurs n'ont cru devoir poser aucune exception visant cette hypothèse.

Nous croyons donc que rien ne peut renverser les principes que nous avons rappelés, qu'une exception seule

pourrait trancher la question, mais qu'elle n'existe pas dans nos lois, et par suite : « Il nous semble que, de quelque côté que l'on veuille sérieusement examiner cette question au point de vue de l'interprétation de nos Codes, on arrive à conclure que ces aliénations sont nulles, et que, par conséquent, la revendication de l'héritier véritable doit être admise tant et si longtemps que l'usucapion n'est pas acquise aux tiers détenteurs (1). »

Peut-être une exception serait-elle nécessaire pour protéger les tiers de bonne foi dans cette hypothèse toute spéciale, et assurer la libre circulation des biens, et la stabilité des rapports juridiques ; mais dans le silence du Code qui n'a pas prévu le cas, nous devons nous en rapporter aux principes qui touchent la question si on veut les appliquer.

Nous avons vu d'ailleurs que les arguments donnés, soit par la jurisprudence française, soit par les auteurs qui admettent la validité, n'ont semblé avoir exercé aucune influence sur la solution de la question dans un pays voisin du nôtre, régi par la même loi, en faisant remarquer que la jurisprudence belge adopte depuis longtemps le système de la nullité. Nous voyons donc, par là, que les motifs d'intérêt pratique invoqués par la jurisprudence française ne peuvent avoir grande valeur ; car nous ne pensons pas qu'en Belgique les transactions soient entravées, et que les aliénations

---

(1) Hureaux, *Droit de succession*, III, n° 20.

soient moins fréquentes qu'en France, par la crainte
d'acheter d'un héritier apparent, et de se voir un jour
dépouillé de son acquisition (1).

Tout ce que nous avons dit de la vente immobilière
que nous avons prise comme type, pour simplifier la
discussion, s'applique à tous les actes de disposition
quelconques consentis par l'héritier apparent ; par
conséquent, aussi bien aux actes à titre gratuit qu'il
faudra annuler, ce qui est d'ailleurs admis par la jurisprudence et les auteurs, qui généralement ne prennent
pas la peine de donner les raisons de la nullité, mais
considèrent comme contraire à la raison le système de
la validité dans cette hypothèse, qu'aux actes à titre
onéreux tels que l'échange, les constitutions d'hypothèques, de servitudes, d'usage, d'habitation, etc... en
somme, à tous les droits réels quelconques consentis
sur les biens de la succession.

Pour terminer, rappelons que nous considérons
comme nulle l'aliénation de l'hérédité en bloc ; c'est,

(1) Nous n'avons fait aucune distinction entre la vente immobilière volontaire et la vente nécessaire ; — nous pensons, en effet, qu'il n'y a
aucune différence à établir, et que la même solution doit être adoptée.
L'héritier apparent n'étant ni le mandataire, ni le gérant d'affaires de
l'héritier réel, toutes les aliénations par lui consenties seront toujours
faites *à non domino*, il n'aura pu transférer aucun droit sur le bien
aliéné. Ce n'est pas, croyons-nous, parce qu'un acte est nécessaire que
le véritable héritier pourra être dépouillé malgré lui de son droit qui est
inviolable. « Nous comprenons la nécessité, mais la nécessité, après tout,
n'est qu'un fait, et il y a une autorité plus grande, celle du droit »
(Laurent, *Principes de Droit civil*, IX, n° 559).

d'ailleurs, le système suivi par la jurisprudence et les auteurs, et il n'y a guère que M. Jozon (1) qui admette la validité d'une telle aliénation.

Insuffisance de notre régime de publicité.

La question que nous avons discutée se présente souvent devant les tribunaux. Demandons-nous s'il n'y a pas une lacune dans notre régime actuel, et si la publicité réelle ne pourrait pas, en remplaçant la publicité personnelle, apporter un remède et éviter une cause de conflits fréquents. — Quand un propriétaire veut trouver facilement des acquéreurs, il faut que ceux-ci soient certains que le bien acquis ne leur sera pas plus tard enlevé par une cause d'éviction, qu'ils ignorent au moment du contrat (2). Notre publicité leur accorde-t-elle cette sécurité ?

La transcription, telle qu'elle est comprise dans nos lois, a pour seul effet d'opposer aux tiers et de rendre valable à leur égard le contrat transcrit; mais elle ne consolide pas le titre du nouveau possesseur, en ce sens, qu'elle ne fait pas disparaître les causes de nullité, de résolution, de rescision dont le titre du vendeur peut être entaché. Par conséquent, si un tiers acquiert en sous-ordre le bien aliéné, son droit sera soumis à toutes les imperfections du droit primitif, que ne lui aura pas

(1) Jozon, *Revue pratique de droit français*, t. XIV, p. 378 et s.
(2) Voyez Besson, *Les livres fonciers et la réforme hypothécaire*, p. 503.

fait connaître le registre public, et il pourra plus tard être évincé (1). En effet, d'après le régime français :

« La transcription est destituée de toute force probante en ce qui concerne la valeur du titre qu'elle documente. Sans doute, elle rend le droit de l'acquéreur opposable aux tiers, mais elle n'efface pas les vices et les causes de résolution qui peuvent affecter le titre du vendeur. Si le cédant n'a, sur l'immeuble, qu'une propriété douteuse et résoluble, ce droit restera précaire et annulable entre les mains de l'acquéreur, bien que celui-ci transcrive. Après comme avant la transcription, l'acheteur et les tiers qui contractent avec lui risquent d'être évincés par suite d'une action en nullité, en révo-

---

(1) De plus, le défaut de publicité des transferts par voie d'hérédité est un des graves inconvénients de notre régime actuel. « Il importe essentiellement aux acquéreurs ou prêteurs sur hypothèque de savoir si celui qui s'annonce comme propriétaire de l'hérédité a un droit exclusif, ou au contraire, n'a qu'un droit apparent ou résoluble. Or cette garantie n'existe pas dans la législation actuelle. Par suite de la non-transcription des transmissions par décès *ab intestat* ou testamentaires, la propriété qui dérive de ces deux modes d'acquisition reste livrée a l'incertitude du droit du successeur légitime ou du légataire. Le tiers qui veut acquérir un immeuble de la succession ou prêter sur hypothèque n'a jamais en face de lui qu'un possesseur apparent. Les registres de l'état civil lui apprennent l'ouverture de la succession, mais ils lui laissent ignorer ce qu'il importe de connaître, à savoir, le nom et la qualité des personnes appelées à l'hérédité, ainsi que la consistance, la nature et la situation des immeubles de la succession. Aucune disposition de la loi ne lui permet de s'assurer de la réalité du titre auquel le possesseur rattache son droit de disposition ; aucun document ayant force probante ne lui garantit que la personne avec laquelle il se propose de traiter ne sera pas, ultérieurement, évincée de l'hérédité par un héritier préférable. » Besson, *Les livres fonciers et la réforme hypothécaire*, p. 128.

cation ou en rescision ; ils ne sont même pas à l'abri de la prescription acquisitive. La transcription de leur titre n'oppose aucun obstacle juridique aux empiétements qui conduisent à la possession légale, et, de cette possession, à la spoliation définitive du propriétaire (1). »

Nous voyons donc que, dans notre régime actuel, les tiers ne sont pas suffisamment protégés.

La publicité réelle, accorde au contraire aux tiers acquéreurs des garanties très puissantes.

D'après ce système : d'une part, nul ne peut se prétendre titulaire d'un fonds ou acquéreur d'un droit quelconque sur ce fonds, s'il n'a pris inscription sur un feuillet spécial au nom de l'immeuble ; d'autre part, toutes les mentions portées sur le registre ont une force probante absolue *erga omnes*, et par suite, les tiers jouissent d'une sécurité qu'ils n'ont pas dans le régime français. En effet, du jour où l'inscription a été prise, le nouvel acquéreur devient propriétaire incommutable, rien ne peut plus le dépouiller de son droit ; car l'immatriculation ne rend pas seulement le contrat opposable aux tiers, elle purge, en outre, le titre translatif de propriété de tous les vices non apparents qui peuvent l'entacher. Par conséquent : « Plus d'action en nullité, plus de revendication à craindre, car l'autorité absolue du livre foncier repousse toute action fondée sur un droit non inscrit (2). » Même entre les parties, le consente-

---

(1) Besson, *Les livres fonciers et la réforme hypothécaire*, p. 175.
(2) Besson, *op. cit.*, p. 503.

ment ne suffit pas ; pour rendre le contrat parfait, il faut, en outre, une immatriculation sur les registres publics. Mais cette immatriculation est entourée de garanties spéciales (1). De telle sorte que « l'inscrit n'a plus à redouter ni revendication, ni préoccupation, ni trouble quelconque, puisque rien ne peut prévaloir contre l'immatriculation. Il peut donc offrir sécurité complète aux tiers qui voudront traiter avec lui, pour obtenir soit transmission de la propriété, soit concession d'une hypothèque. La propriété paraît ainsi reposer sur des bases inébranlables, étant purgée ou paraissant purgée de tous les vices qui peuvent l'affecter » (2).

Ainsi, pour notre question, les tiers de bonne foi peuvent contracter en toute confiance avec celui qui est inscrit comme héritier ; et, si le véritable héritier se présente plus tard, il devra respecter les acquisitions faites par les tiers qui ont acquis sur la foi des mentions portées au registre public, pourvu que l'inscription ait été prise par eux sous les conditions requises par la loi (3).

(1) Nous ne pouvons pas insister sur ce point qui sort de notre cadre. Voyez Besson, *op. cit.*, p. 420 et s.

(2) Deloison, *Rapport sur les livres fonciers*, p. 7, *Congrès de la propriété bâtie en France*, Lyon, 1894.

(3) Ce régime existe en Prusse. Loi, 12 mars 1869 ; Empire d'Allemagne : Loi, 5 mai 1872 ; Alsace-Lorraine : Loi, 24 juillet 1889 ; — Autriche-Hongrie : Loi, 25 juillet 1871 ; — Espagne : Loi, 8 février 1861.

Un premier pas a été fait chez nous dans cette voie : Loi, 5 juillet 1885, sur le régime foncier en Tunisie ; — Décret de janvier 1898, pour Madagascar. Voyez également décret du 29 mars 1899, sur la propriété

Nous voyons donc que notre système de publicité est insuffisant et que du jour où l'on adoptera le système de la publicité réelle, qui est à l'état de projet (1), la question que nous avons discutée ne se présentera plus.

fonciere au Congo français.

Art. 37 : « A dater de l'immatriculation, aucun droit réel, aucune cause de résolution ou de rescision du chef des propriétaires antérieurs, ne peuvent être opposés au propriétaire actuel ou ses ayants cause. » Dans ce système, la prescription acquisitive d'un immeuble immatriculé est supprimée. Voyez l'art. 39 du décret.

(1) L'article 15 de l'avant-projet sur la publicité des droits réels autres que les privilèges et hypothèques ordonne la publicité des mutations par décès. — Spécialement l'article 20 vise notre hypothèse : « Ces aliénations et constitutions de droits consenties à titre onéreux par une personne inscrite en qualité d'héritier, de successeur irrégulier, ou de légataire, et dûment rendues publiques, sont opposables au légataire ou à l'héritier véritable, s'il n'est prouvé que les tiers ont eu connaissance du défaut de droit de leur auteur, ou s'il n'y a eu prénotation. Toutefois, le droit de l'héritier ou du légataire prévaut même à l'égard des tiers qui ont traité de bonne foi avec l'héritier apparent, s'il est conservé dans les six mois de l'ouverture de la succession. » *Procès-verbaux de la Commission du cadastre*, fasc. 2, p. 562 et suiv. — Ce texte consacre donc législativement le système de la jurisprudence.

Vu :

Grenoble, le 20 mars 1899,

Le Président de la thèse,

CAPITANT.

Vu :

Grenoble, le 21 mars 1899,

Le Doyen,

C. TARTARI.

Vu et permis d'imprimer :

Grenoble, le 21 mars 1899,

Le Recteur, Président du Conseil de l'Université,

E. BOIRAC.

TABLE DES MATIERES

Pages

Introduction 1

PREMIÈRE PARTIE

Chapitre I. 5

§   I. — Intérêts de la question 5
§ II. — Définition 8
§ III. — Principales hypothèses d'héritier apparent 10
§ IV. — Cas où se présente la question de savoir quel doit être
       le sort des actes d'aliénation 19
§   V. — Aliénation d'un meuble corporel. 19
§ VI. — Aliénation d'un meuble incorporel. 20
§ VII. — Aliénation d'un immeuble. 21
§ VIII. — Principes du Code civil et système de la nullité. . . . 22

Chapitre II. — **La jurisprudence.** 32

§   I. — Jurisprudence avant le Code civil. 33
§ II. — Jurisprudence après le Code civil. 41
§ III. — Première phase. 42
§ IV. — Deuxième phase 45
§   V. — Conditions exigées par la jurisprudence. Arguments
       qu'elle donne. 49
§ VI. — Aliénation de l'hérédité 57
§ VII. — But de la jurisprudence 59

DEUXIÈME PARTIE

Chapitre III. — **Critique de la jurisprudence.** 61

§   I. — Argument tiré de la collectivité de la saisine 62
       Aliénation de l'hérédité en bloc 71

§ II. — Arguments d'analogie tirés de textes exceptionnels .   73
§ III. — Argument tiré de la bonne foi et de l'erreur commune.   80
§ IV. — Argument tiré de l'intérêt public   86

CHAPITRE IV. — **Différence entre la jurisprudence française et la jurisprudence belge**.   92

TROISIÈME PARTIE

CHAPITRE V. — **Auteurs admettant la validité**   99

CONCLUSION   133

Insuffisance de notre régime de publicité   136

Imp. J. Thevenot, Saint-Dizier (Haute-Marne)

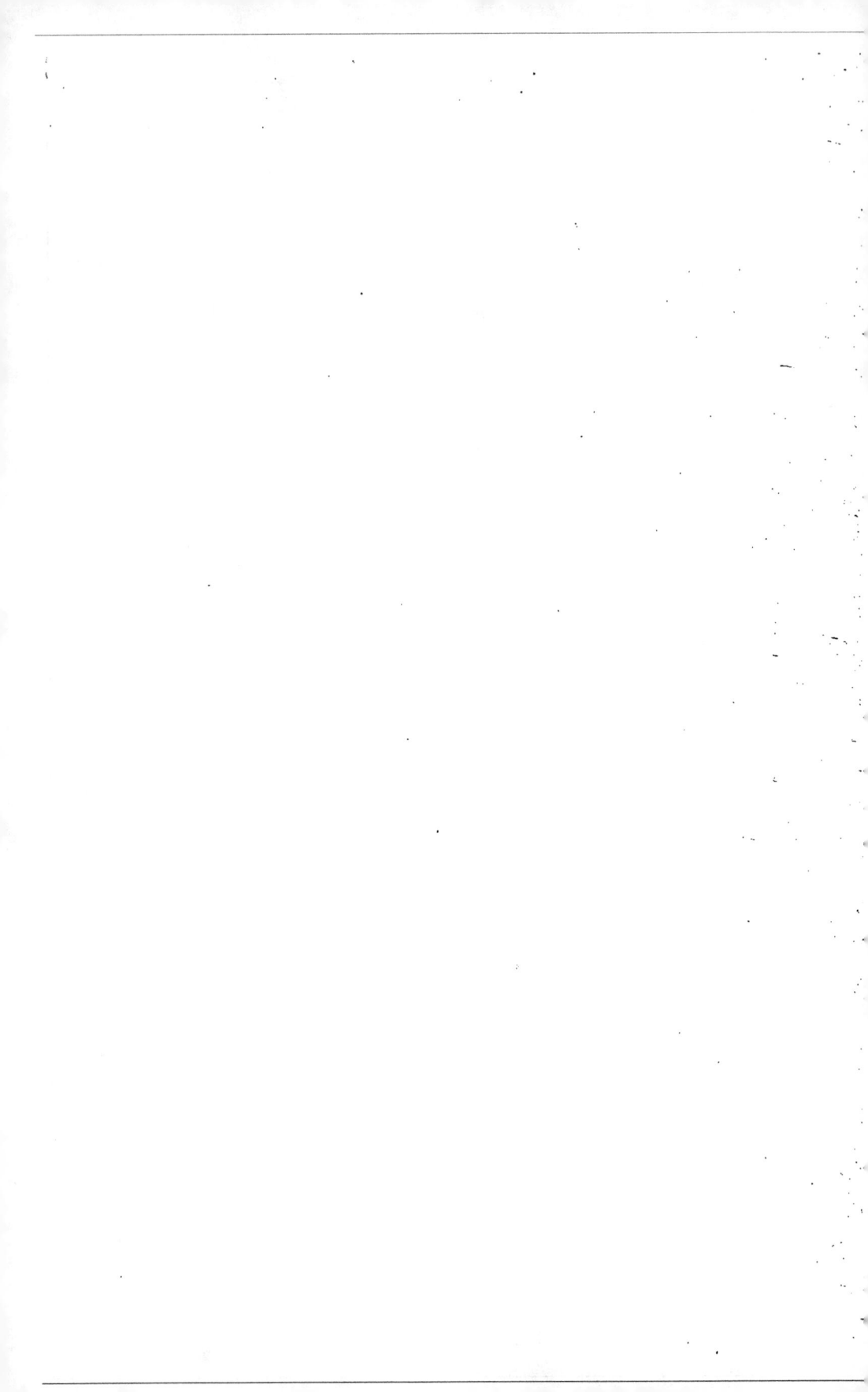

www.ingramcontent.com/pod-product-compliance
Lightning Source LLC
Chambersburg PA
CBHW050123210326

41519CB00015BA/4080